चिरस्मरणीय

महान व्यक्तित्व

भाग

2

चिल्ड्रन्स बुक ट्रस्ट, नई दिल्ली

MAHAN VYAKTITWA Bhag 2

चित्रांकन : साहाना पाल

पुनर्मुद्रण 1996, 1998

ISBN 81-7011-486-1

चिल्ड्रन्स बुक ट्रस्ट द्वारा प्रकाशित एवं न्यास के इंद्रप्रस्थ प्रेस, नेहरू हाउस,
4 बहादुरशाह जफर मार्ग, नई दिल्ली में मुद्रित।

विषय सूची

लोकमान्य तिलक

इरा सक्सैना

अनुवादः सुमन जैन

"सच्चाई और न्याय के प्रति विश्वास और श्रद्धा इतने ऊंचे स्तर की होनी चाहिए कि भक्त और निष्ठावान व्यक्ति के मस्तिष्क में कार्य पूरा करने की भावना के अतिरिक्त और कुछ नहीं आना चाहिए। अन्य चीजों के बावजूद कर्त्तव्य निभाना ही एकमात्र ऐसा विचार है जिसे सम्पूर्ण अधिकार प्राप्त होना चाहिए। इसे ही नैतिक साहस, सच्चाई और चरित्र कहा जाता है। यह सदगुण ज्ञान और विद्वता से प्राप्त नहीं किया जा सकता। जन्म या सामाजिक स्थिति इसको पाने की कोई शर्त नहीं है न ही उच्च बौद्धिक शक्तियां इसे पा सकती हैं।"

लोकमान्य तिलक

लोकमान्य तिलक

आर.आई.एम.एस. हारडिंग, मांडले जाने के लिए बम्बई के समुद्रतट से रवाना हुआ। तिलक डेक पर खड़े अपने देशवासियों से हाथ हिलाकर विदा ले रहे थे। उन्हें छः साल की सजा हुई थी। 'तिलक महाराज की जय' और 'लोकमान्य दीर्घ आयु हों' के नारे हवा में गूंज रहे थे। जिन शासकों ने तिलक को बर्मा के मांडले में निर्वासन की सजा सुनाई थी उनके इस अन्यायपूर्ण कानून के विरुद्ध लोगों ने काले झण्डे लगाकर विरोध किया।

ऊपर आकाश में भयंकर गर्जना हुई। नीचे एक अपार जनसमूह ने अपने नेता को अश्रुपूर्ण विदाई दी। तिलक देर तक अपनी मातृभूमि की ओर देखते रहे जो धीरे-धीरे धुंधली होती जा रही थी।

बालगंगाधर तिलक का जन्म 23 जुलाई सन् 1856 में महाराष्ट्र के तटीय नगर रतनागिरि में हुआ था। उनका पालन एक रूढ़िवादी परिवार में हुआ जहां परम्परा व कर्मकाण्डों पर बल दिया जाता था। उनके पिता, गंगाधर पंत एक स्कूल मास्टर थे, जो बाद में प्राइमरी स्कूलों के इन्सपेक्टर बन गये। वह कट्टर, अनुशासनप्रिय व्यक्ति थे। उन्होंने अपने पुत्र को अध्ययन के लिए अनुप्रेरित किया। चाहे वह संस्कृत हो या गणित जब तक बाल उनमें पूर्ण दक्षता प्राप्त नहीं कर लेते थे, उन्हें कभी सन्तोष नहीं होता था।

एक बार, जब वह काफी छोटे थे, उन्होंने एक संस्कृत नाटक 'कादम्बरी' पढ़ने की इच्छा व्यक्त की जो वयस्कों के अध्ययन के लिए था। उनके पिता ने मना नहीं किया लेकिन इसके बजाय गणित की एक पहेली हल करने को दे दी। वह बहुत कठिन सवाल था जो बाल से बड़े बच्चों के लिए था। चुनौतियों को

पसन्द करने वाले बाल ने इस समस्या को हल कर दिया।

उन्होंने बहुत उत्साह और रुचि से संस्कृत, इतिहास और ज्योतिष का अध्ययन किया।

सोलह वर्ष की आयु में पड़ोसी गांव की तापी से उनका विवाह हो गया। इसके कुछ महीने पश्चात् उनके पिता की मृत्यु हो गई। जब वह दस वर्ष के थे तभी उनकी माता का देहांत हो गया था। ऐसी परिस्थितियों में भी उनके अधिक अध्ययन करने के संकल्प में कोई बाधा उत्पन्न नहीं हुई।

मैट्रिक के बाद, उन्होंने पुणे के प्रतिष्ठित डेकन कॉलेज में प्रवेश लिया। कॉलेज की शिक्षा ने उन्हें प्रभावित नहीं किया। प्रारंभ में उन्होंने शारीरिक कसरत में काफी समय लगाया जिससे वह हृष्ट-पुष्ट और बलिष्ठ युवक बन गये।

तिलक को वाद-विवाद पसन्द था, इससे उन्हें बोलने की क्षमता को विकसित करने में सहायता मिली जो उनके बाद के जीवन में बहुत काम आई। देश की राजनैतिक पराधीनता उन्हें परेशान करती थी। वह अपने दोस्तों से जोरदार ढंग से वाद-विवाद करते थे। उनके घनिष्ठ मित्र थे जी.जी. आगरकर।

तिलक ने स्थानिक छात्र के रूप में कॉलेज में पांच वर्ष बिताये। उनके अन्य साथी छात्रों में से कई बहुत प्रतिष्ठित व्यक्ति बने। गणित में प्रथम श्रेणी में उत्तीर्ण होकर उन्होंने सन् 1877 में बी॰ए॰ की डिग्री ली। दो वर्ष बाद उन्होंने कानून की डिग्री प्राप्त की और अपने मित्र आगरकर के साथ वकालत शुरू कर दी।

शिक्षा

लोगों में उचित शिक्षा का अभाव होने की बात से तिलक बहुत दुखी थे। जैसे-जैसे वह जनता के करीब आये उन्हें इस बात का विश्वास हो गया कि केवल शिक्षा ही उनमें अत्याचारी ब्रिटिश शासन के विरुद्ध चेतना जाग्रत कर सकती है। सन् 1857 की क्रान्ति के बाद, ब्रिटिश सरकार द्वारा किये जा रहे अत्याचारों से देश पीड़ित था। देश को उसकी सम्पदा से खाली किया जा रहा था, गरीबों का शोषण हो रहा था और भारी कर लगाये जा रहे थे। सरकार की अन्यायपूर्ण गतिविधि के बारे में लोगों को समझाना आवश्यक हो गया ताकि वे अपने अधिकारों की मांग करें और उनके लिए लड़ सकें। वह शिक्षा को स्वतन्त्रता व विकास की मूल शर्त मानते थे।

सन् 1880 में तिलक ने न्यू इंग्लिश स्कूल की स्थापना की। सन् 1885 में

डेकन एजुकेशन सोसाइटी की स्थापना शिक्षा के क्षेत्र में मुख्य कदम था। तिलक के शिक्षा अभियान में महादेव गोविन्द रानाडे, के.टी. तेलंग, जेम्स फर्गुसन, आगरकर और केलकर जैसे कई कर्तव्यनिष्ठ व्यक्तियों ने सहयोग दिया।

सरकारी नौकरी करने का विचार तिलक को पसन्द नहीं था। उन्होंने बहुत ही कम वेतन पर शिक्षक बनना पसन्द किया। न्यू इंग्लिश स्कूल में, तिलक गणित, संस्कृत और इतिहास पढ़ाते थे। शिक्षक के रूप में छात्र उन्हें बहुत पसन्द करते थे। उनकी शिक्षा कक्षा तक ही सीमित नहीं थी, वह अपने छात्रों के साथ विचार-विमर्श करते और उदाहरणों के साथ उन्हें बातें समझाते।

समाचारपत्र

जनसमुदाय को शिक्षित व ज्ञानवर्धक बनाने के लिए तिलक बेचैन हो रहे थे। वह चाहते थे कि उनके विचार आम लोगों तक पहुंचें। इस कार्य के लिए उन्होंने सन् 1881 में मराठी में 'केसरी' और अंग्रेजी में 'मराठा' नामक दो समाचारपत्र निकाले।

केसरी के परिचय-पत्र में लिखा थाः हम प्रत्येक विषय पर पक्षपातरहित ढंग से जिसे हम सत्य मानते हैं उस रूप में विचार-विमर्श करने को तैयार हैं। निस्सन्देह ब्रिटिश शासन में चापलूसी करने की प्रवृत्ति बढ़ती जा रही है और समस्त ईमानदार व्यक्ति यह मानते हैं कि यह प्रवृत्ति अवांछनीय और लोगों के हित के लिए हानिकारक है। प्रस्तावित समाचारपत्र में छपे लेख इस पत्र के नाम के (केसरी का अर्थ है शेर) अनुरूप ही हैं।

जब मकान मालिक ने अपने परिसर में प्रिंटिंग प्रेस लगाने से मना कर दिया तब तिलक, आगरकर और अन्य लोग न्यू इंग्लिश स्कूल के भवन में मशीन ले आये। रातोंरात उन्होंने उसे लगा दिया और सुबह तक केसरी का प्रथम अंक निकल गया। उन्होंने घर-घर जाकर स्वयं उसकी प्रतियां बांटीं।

अपने पत्रों द्वारा तिलक ने लोगों को ब्रिटिश सरकार की नीतियों, अपने राष्ट्रीयता के विचार और स्वराज्य को प्राप्त करने की आवश्यकता के बारे में बताया। उनके सशक्त लेखों ने पत्रों को बहुत लोकप्रिय बना दिया और स्वतन्त्रता की आवश्यकता के प्रति जनसमुदाय की आंखें खोल दीं। उनके राष्ट्र के लक्ष्य और आदर्शों के बारे में उनके विचार और लेखन ने सबका ध्यान आकर्षित किया। बाल गंगाधर तिलक सबकी इज्जत के पात्र 'लोकमान्य' बन गये।

सामाजिक परिवर्तन

समाज को बाल विवाह जैसी कुरीतियों से छुटकारा दिलाना तिलक का स्वप्न था। समाज के पुनर्निर्माण के लिए उन्होंने महिलाओं में शिक्षा और विधवा विवाह को अनिवार्य कह उसका समर्थन किया। राजनैतिक चेतना के लिए सामाजिक परिवर्तन मुख्य कुंजी थी। लोगों को शिक्षित कर उनकी विचारधारा को बदलना सबसे ज्यादा आवश्यक था जिनमें समाज व महिलाओं के कुछ वर्गों के विरुद्ध भेदभाव की पुरातन मान्यताओं के कारण जंग लग गया था। राष्ट्र के उद्देश्यों के लिए जनमत को जगाना और उसे गतिशील बनाना आवश्यक था। अगर लोग इन विचारों को नहीं समझेंगे तो स्वराज्य एक धारणा ही बनी रहेगी।

स्वदेशी की भावना को बढ़ाने व सामाजिक सुधार में तिलक ने भारतीय राष्ट्रीय कांग्रेस के अतिरिक्त, पुणे सार्वजनिक सभा (जिसकी स्थापना सन् 1870 में हुई थी) और अन्य संस्थाओं में सक्रिय भूमिका निभाई।

तिलक जनसमुदाय में चेतना जगाने के लिये दृढ़ संकल्प थे। उनकी इच्छा ऐसी थी कि कोई भी दबाव उनको निश्चय से हिला नहीं सकता था। उनके जनसमुदाय को जाग्रत करने और उन्हें स्वतन्त्रता आन्दोलन में शामिल करने का कार्यक्रम ब्रिटिश सरकार को पसन्द नहीं आया।

अपने खाली समय में उन्होंने अपनी पुस्तक 'ओरियन' लिखी। इसमें उन्होंने ऋग्वेद में वर्णित तारामण्डल का अध्ययन करने के बाद आर्य सभ्यता की प्राचीनता को स्थापित किया था। ओरियन काल 4000 ईसा पूर्व से लेकर 2500 ईसा पूर्व तक है।

हिन्दू सभ्यता व परम्परा से पूरी तरह जुड़े तिलक, हमारी संस्कृति के सशक्त आधार पर नये समाज को आकार देने में विश्वास रखते थे।

उन्होंने कहा, "जब पश्चिमी सभ्यताओं से हमारा परिचय कराया गया था, तब हमारे कई लोग उसके वैज्ञानिक ज्ञान व तरीकों से इतने चकित हो गये थे कि उन्होंने हमारे प्राचीनतम अध्ययन को बेकार समझा और पश्चिमी विज्ञान की ओर दौड़े। उन्होंने हमारे धर्म के वास्तविक स्वरूप का अध्ययन करने या वह मनुष्य और ईश्वर के सम्बन्ध के बारे में क्या बताता है, इसके बारे में जानने की कोशिश नहीं की। उन्होंने यह जानने का प्रयत्न नहीं किया कि इन विषयों पर हमारे पास कौन-सी पुस्तकें हैं और उनमें क्या लिखा है। दैनिक जीवन में इन विचारों और हमारे आचरण के बीच के सम्बन्धों को ढूंढ़ने की कोशिश नहीं

की।'' उन्होंने लिखा, ''एक सच्चा राष्ट्रवादी प्राचीन आधारशिलाओं पर निर्माण करने की इच्छा रखता है। सृजनात्मक कार्य के रूप में पुराने दिनों के प्रति पूर्ण अवहेलना पर आधारित सुधार उन्हें पसन्द नहीं थे...राष्ट्र के मनोभावों पर बल देने और उन्हें सुरक्षित रखने की इच्छा से हम राष्ट्रवादी अपने राष्ट्र के उत्थान के लिए आवश्यक, प्रगति व सुधारों को हानि पहुंचाये बिना, पुरानी व्यवस्था में जो कुछ भी अच्छा था उसे पूरा श्रेय देना चाहते हैं।''

त्योहार

लोगों को जाग्रत करने के प्रयास में, प्रचलित त्योहारों ने तिलक का ध्यान आकर्षित किया। जैसे बंगाल में श्रीदुर्गा पूजा और उत्तर में रामलीला मनाई जाती है है वैसे ही महाराष्ट्र में बहुत उत्साह से गणेश चतुर्थी मनाई जाती है। लोग समृद्धि और बुद्धि के लिए शिव के पुत्र भगवान गणेश का आशीर्वाद पाने के लिए उनका आह्वान करते हैं, वह बाधाएं हटाने वाले हैं। इस अवसर पर 'तमाशा', धार्मिक गीत और समूह नृत्य के रूप में नाटक मंचित किये जाते हैं। तिलक को लगा कि जनसमूह में चेतना जाग्रत करने के लिए धार्मिक विचार व निष्ठा का प्रदर्शन बहुत आवश्यक है। प्रारंभ में, तिलक ने लोगों को त्योहारों में भाग लेने के लिए प्रोत्साहित किया।

गणेश पूजा विभिन्न वर्ग के लोगों के लिए एक मिलने के स्थल का काम करती है। बाद में, गणेश पूजा के त्योहार को नया रूप देने के लिए, गानों में राष्ट्रीयता की भावना भरी जाने लगी और 'तमाशा' में ब्रिटिश शासन से स्वतन्त्र होने की आवश्यकता को दर्शाया जाने लगा। अपने राष्ट्रवादी अनुरोध द्वारा गणेशजी की पूजा पारिवारिक दायरे से निकल कर आम जनता तक फैल गई, जिसके कारण राष्ट्रीयता की एक गहरी भावना जाग्रत हो गई।

प्रेरणा

अपने वीर शिवाजी की जन्मतिथि मनाने के लिए तिलक ने एक त्योहार मनाना शुरू किया। उन्होंने मराठा में लिखाः ''वीर की पूजा करना मानव स्वभाव में गहरे तक बैठा हुआ है और हमारी राजनैतिक आकांक्षा को उस समस्त शक्ति की जरूरत है जिसे भारतीय वीर की पूजा हमारे मस्तिष्क को प्रेरित कर सकती

है। इस उद्देश्य के लिए, शिवाजी से बेहतर कोई व्यक्ति नहीं हो सकता है। अकबर या भारतीय इतिहास के किसी व्यक्तित्व के सम्मान में शुरू हुए किसी भी त्योहार के विरुद्ध हम नहीं हैं। सम्पूर्ण देश के लिए ऐसे त्योहारों का अपना महत्व है और यह प्रत्येक व्यक्ति का कर्त्तव्य है कि वह यह देखे कि ऐसे त्योहारों की उपेक्षा या उनकी गलत ढंग से व्याख्या न की जाये। प्रत्येक वीर चाहे वह भारतीय हो या यूरोपियन, समय के अनुसार कार्य करता है। अगर इस सिद्धांत को स्वीकार कर लिया जाये तो, शिवाजी के जीवन में ऐसा कुछ नहीं पायेंगे जिसे हम असाधारण मान सके। जिसने शिवाजी को राष्ट्रीय वीर बनाया वह उनके कार्य नहीं थे वरन् एक चेतना थी जो उन्हें जीवनपर्यन्त प्रेरणा देती रही।''

15 अप्रैल, सन् 1896 को मनाया गया पहला समारोह बहुत सफल प्रमाणित हुआ। अपने भाषणों में, तिलक ने शिवाजी की एक स्वतन्त्र विचारक, एक राष्ट्रीय वीर कहकर प्रशंसा की और जनसमुदाय को झिंझोड़ने के लिए उनके साहस की कहानियां सुनाई। उन्होंने शिवाजी के साहसिक कार्यों को राजनैतिक स्थिति के साथ वर्णित किया।

त्योहार लोगों को करीब लाये। इस तरह त्योहारों द्वारा तिलक इच्छित प्रभाव पैदा करने में सफल हुए।

अकाल

सन् 1896 में जब महाराष्ट्र में भीषण अकाल पड़ा तो लोगों पर विपत्ति का पहाड़ टूट पड़ा। अधिकारियों ने भुखमरी और पीड़ा को देखकर भी आंखें बंद कर लीं। राहत पहुंचाने के बजाय, जबरदस्ती कर लगा दिये गये। तिलक ने लोगों की सेवा करने का बीड़ा उठाया।

'केसरी' और 'मराठा' ने अपने स्तम्भों में अकाल, लूट और लोगों पर किये जा रहे अन्याय के बारे में रिपोर्ट लिखी। साथ ही अकाल राहत कोड के बारे में भी सूचना दी। मराठी में अनुदित कोड की हजारों प्रतियां प्रभावित क्षेत्रों में मुफ्त बांटी गई।

तिलक का कार्य एक ऐसा अनोखा प्रयास था जैसा कि भारत में पहले कभी नहीं देखा गया था। उन्होंने किसानों को शिक्षित करने और विपत्ति का सामना करने के लिए तैयार रहने के लिए पूरा जोर लगाया। सरकारी अन्याय के विरूद्ध लड़ने के लिए वे दृढ़तापूर्वक अड़े रहे। सम्पूर्ण अभियान वैधानिक रूप से सही

ढंग से चलाया गया था पर फिर भी इसने अधिकारियों को क्रोधित कर दिया। तिलक ने सरकार को बाध्य किया कि वह संविधि-संग्रह में वर्णित अकाल पीड़ितों की राहत के लिए सामग्री का प्रबंध करे। लोगों ने राहत पाने के लिए साहस जुटाया।

हजारों किसानों की भीड़ में तिलक ने गरजकर कहा, "जब महारानी की यह इच्छा होती है कि कोई न मरे, जब राज्यपाल यह घोषणा करता है कि सभी जीवित रहें और जब राज्य सचिव अगर आवश्यक हो तो ऋण लेने के लिए तैयार रहता है तो क्या तुम अपने आपको कायरता और भुखमरी से मार डालोगे? अगर तुम्हारे पास सरकार का ऋण चुकाने के लिए पैसे हैं तो किसी भी तरह उन्हें चुकाओ। परन्तु अगर तुम्हारे पास पैसा नहीं है तो क्या तुम सहायक सरकारी अफसरों के कल्पित रोष से बचने के लिए अपनी चीजें बेच दोगे..."

स्थिति और भी बिगड़ गई, क्योंकि आने वाले वर्ष में प्लेग जंगली आग की तरह चारों तरफ फैल गया। बड़ी संख्या में लोग मर गये, जो जीवित बचे वे इससे बचने के लिए अपने घर छोड़कर भागने लगे। तिलक ने राहत का कार्य संभाला। बीमारों की देखभाल करने के लिए उन्होंने कैम्प लगाये। लोगों की परेशानियां सुनने के लिए सरकार ने रैंड नामक एक ब्रिटिश अफसर को प्लेग कमिश्नर नियुक्त किया। स्थिति ठीक करने बजाय रैंड के सैनिकों ने कष्ट बढ़ा दिये। घर तोड़कर वे उनमें घुस गये और सम्पत्ति का विनाश किया, निरीक्षण के बहाने औरतों को तंग किया। कैम्प में जहां तिलक बीमारों की सेवा कर रहे थे वहां पर उनके काम में बाधा डाली। क्रोधित तिलक ने जोशीले भाषण दिये और रैंड की नृशंसता के विरुद्ध सशक्त लेख लिखे।

चारों तरफ फैले विषाद और गरीबी के बावजूद 22 जून सन् 1897 को महारानी की हीरक जयन्ती मनाने के लिए रैंड ने एक भोज का आयोजन किया। इससे लोगों में क्रोध भड़क उठा। युवा चाफेकर भाई बदला लेने को उतावले हो उठे। उन्होंने योजना बनाई और रैंड और उसके लेफ्टिनेंट आयर्स्ट को गोली मार दी।

राजद्रोह

इसके तुरन्त बाद, 27 जुलाई को राजद्रोह के जुर्म में तिलक को गिरफ्तार कर लिया गया। यह अभियोग शिवाजी पर लिखी तिलक की कविता व लेख पर आधारित था। तिलक के जोशीले भाषणों को सरकार ने रैंड की हत्या का

मूल कारण माना। वे मानते थे कि युवा चाफेकर तिलक के शब्दों से भड़के हैं। उन्हें 18 महीने की सख्त सजा सुनाई गई।

दिसम्बर सन् 1897 में भारतीय राष्ट्रीय कांग्रेस के अमरावती अधिवेशन में, सुरेन्द्रनाथ बैनर्जी ने घोषणा की: "राष्ट्र दुख में डूबा हुआ है। मेरे दिल में मिस्टर तिलक के लिए पूर्ण सहानुभूति है और मेरी भावनाएं सम्पूर्ण रूप से जेलखाने में भी उनके साथ हैं। भारतीय प्रेस के बारे में बोलते हुए मुझे कोई हिचकिचाहट नहीं होती क्योंकि हम मानते हैं कि मिस्टर तिलक पर जो आरोप लगाये गए हैं वे निराधार हैं और वह पूर्णतया निर्दोष हैं।" दादाभाई नौरोजी उस समय इंग्लैंड में थे, उन्होंने कहा: "प्रेस पर प्रतिबंध लगाना आत्मघातक है। मिस्टर तिलक पर मुकदमा चलाने से बड़ी कोई गलती नहीं हो सकती। यह उन सिद्धांतों पर से दूर हटने का किया गया नया उपक्रम था जिस पर ब्रिटिश सरकार कार्य कर रही थी।"

जेल में तिलक को सूत रंगने का यंत्रणापूर्ण कार्य करने को दिया गया।

पुस्तकें उनकी अच्छी साथी थीं। मैक्समूलर से उन्हें ऋग्वेद की प्रति प्राप्त हुई। वेद और आर्य सभ्यता की प्राचीनता उनका मनपसन्द विषय था। इस विषय पर गहन अध्ययन ने उनकी पुस्तक—'दि आर्कटिक होम इन द वेदाज़' की नींव डाली। यह पुस्तक ओरियन की उत्तरकथा थी।

ऋग्वेद के विभिन्न संदर्भों का विश्लेषण करने के बाद तिलक ने यह निष्कर्ष निकाला कि आर्यों का प्राचीन घर आर्कटिक प्रदेश में था। सर्दी और बर्फ के कारण आर्यों का दक्षिण की ओर जाने के बारे में इस पुस्तक में विस्तृत रूप से बताया गया है।

6 सितम्बर सन् 1898 को तिलक स्वतन्त्र हो गये। उन्हें समय से पूर्व रिहा कर दिया गया था। वह पहले जैसे नहीं रहे थे—बिलकुल ढल गये थे—एक 'ढांचा'—आंखें अन्दर धंस गई थीं—गाल पीले और पिचक गये थे और चाल में अस्थिरता थी।

उनकी रिहाई का लोगों ने उत्साह से स्वागत किया। पुणे में उत्तेजना छा गई थी। उनका स्वागत करने के लिए भीड़ इकट्ठी हो गई। भारत और विदेशों से आये बधाई के तार और पत्रों की भरमार होने लगी। आर.सी. दत्त, जो इंग्लैंड में थे, उन्होंने लिखा: "जो तकलीफें आपने सही हैं उनकी याद करके मेरे मन में जो भावना उठती है उन्हें मैं शब्दों में व्यक्त नहीं कर सकता। दुख में भी जो हिम्मत और शक्ति आपने दिखाई है वह तारीफ के काबिल है। मुझे इसमें

कोई सन्देह नहीं है कि आपके उदाहरण का स्थायी प्रभाव पड़ेगा। आपके प्रयास कभी व्यर्थ नहीं जायेंगे। वे अवश्य ही लाभदायक सिद्ध होंगे। आपने जो कष्ट झेले हैं वे राष्ट्र को अवश्य विजय की ओर ले जायेंगे।''

उन्नीसवें दशक में कांग्रेस के अधिवेशन में तिलक एक असाधारण नेता के रूप में सामने आये।

सन् 1905 में बनारस अधिवेशन में भाग लेते हुए गांधीजी ने कहा, ''फिरोजशाह मेहता मुझे हिमालय जैसे लगते हैं और लोकमान्य सागर समान, किन्तु गोखले गंगा जैसे थे।''

राष्ट्रीयता का उदय

सन् 1905 में हुए बंगाल विभाजन ने देश में अस्तव्यस्तता उत्पन्न कर दी। विभाजन ने लोगों को एक कर दिया। ब्रिटिश सरकार के निर्णय का विरोध करने के लिए जब वे लोग काले झण्डों और वन्दे मातरम् के नारे लगाने लगे तो राष्ट्रीयता की भावना और गहन हो गई। विभाजन, ब्रिटिश सरकार की नीति थी, विभाजित करो और शासन करो का यह एक उदाहरण था क्योंकि विभाजन बंगाल के विभिन्न भागों में रहनेवाले हिन्दू-मुस्लिम की अधिकतम संख्या पर आधारित था। यह योजना खतरे से भरी हुई थी।

बंगाल में विपिनचन्द्र पाल और अरविन्द घोष, पंजाब में लाला लाजपत राय और महाराष्ट्र में तिलक ने अपनी आवाज उठाई। उन्होंने लोगों को विदेशी वस्तुओं का बहिष्कार करने को कहा।

जनसमुदाय को यह विचार पसन्द आया। अपने आन्दोलन में उन्होंने विभाजन का सक्रियता से विरोध किया। कांग्रेस में, फिरोजशाह मेहता, सुरेन्द्रनाथ बैनर्जी और गोखले जैसे नरम दल के लोग वैधानिक आन्दोलन के सिद्धांत पर अड़े हुए थे। वे संवैधानिक तरीकों द्वारा विरोध करने में विश्वास करते थे। वे बहिष्कार को अवैध और उग्रवादी समझते थे।

तिलक का मार्ग उग्रवादी था। वह मानते थे कि सरकार को हिलाने के लिए सख्त कदम उठाने चाहिए। ''...राजनैतिक अधिकारों के लिए संघर्ष करना चाहिए। नरम दलीय सोचते हैं कि वे इसे अनुनय द्वारा प्राप्त कर सकते हैं। हमें लगता है कि उसे सिर्फ सशक्त दवाब द्वारा ही पाया जा सकता है।''

यद्यपि नरम दल के लोग तिलक के उग्रवादी विचारों से सहमत नहीं थे

किन्तु गोखले ने यह स्वीकार किया कि राष्ट्रीय प्रगति के इतिहास में जनसमुदाय की भावनाओं को जगाना एक युगान्तरकारी घटना होगी।

तिलक ने कांग्रेस के नरम दलीय दृष्टिकोण का खंडन किया और बहिष्कार करने पर बल दिया। स्वतन्त्रता के संघर्ष पर जोर देने के लिए तिलक ने सन् 1906 में राष्ट्रवादी पार्टी नाम से एक नई पार्टी बनाई। उसका मुख्य लक्ष्य था देश को विदेशी शासन से मुक्त कराना और जनसमुदाय को आन्दोलन में शामिल करना।

लाला लाजपत राय, विपिनचन्द्र पाल और अरविन्द घोष जैसे राष्ट्रवादियों के साथ, तिलक वन्दे मातरम् आन्दोलन में कूद पड़े। उन्होंने स्वदेशी आन्दोलन शुरू किये, भारतीय उद्योग को विकसित करने में सहायता के रूप में पैसा कोष संगठित किया, विदेशी वस्तुओं के विरुद्ध पिकेटिंग की और बहिष्कार का प्रदर्शन करने के लिए विदेशी कपड़ों की होली जलाई। विदेशी कपड़े भारत के शोषण का प्रतीक बन गये। ब्रिटिश सरकार भारत से कच्चा माल निर्यात कर वापिस देश में वस्तुएं बनाकर अधिक कीमत पर बेचती थी। तिलक ने ब्रिटिश सरकार के प्रति सक्रिय विरोध का विचार प्रस्तुत किया। उनके विचार को सबने स्वीकार नहीं किया।

'जन्मसिद्ध अधिकार'

सन् 1907 में कांग्रेस के सूरत अधिवेशन में तिलक ने गर्जना की, "स्वराज मेरा जन्मसिद्ध अधिकार है और मैं उसे लेकर ही रहूंगा।"

भारतीय राजनीति में उठते हुए तूफान से ब्रिटिश सरकार आशंकित हो गई और दमनकारी तरीकों से उसे दबाने का प्रयत्न करने लगी। जिस किसी पर भी षड्यन्त्र करने का संदेह होता उसे कड़ा दण्ड दिया जाता। संशोधित समाचारपत्र एक्ट के अन्तर्गत अधिकारियों को किसी भी पत्र को जब्त करने और राजद्रोह के किसी भी कार्य के लिए दण्ड देने का अधिकार दिया गया। तिलक को इन धमकियों से कोई फर्क नहीं पड़ा। निर्भीकता से उन्होंने बहिष्कार को बढ़ाने और स्वतन्त्रता की मांग करने के लिए लेख लिखे।

24 जून सन् 1908 को केसरी में प्रकाशित 'देश का दुर्भाग्य' और ये 'सुधार ज्यादा दिन नहीं चलेंगे' नामक लेख लिखने के कारण तिलक पर यह आरोप लगाकर गिरफ्तार कर लिया गया कि इनके द्वारा वह हिंसा भड़का रहे हैं।

मुकदमा शुरू होने पर तिलक ने अपना मुकदमा स्वयं लड़ने का निश्चय किया क्योंकि अनेक भारतीय वकील राजद्रोह का मुकदमा लड़ने से हिचक रहे थे। वास्तव में राजद्रोह का अभियोग सिर्फ तिलक को गिरफ्तार करने का बहाना था। ब्रिटिश सरकार जनसमुदाय के नेता को चुप कराना चाहती थी।

तिलक कठघरे में करोड़ों उत्पीड़ित भारतीयों के प्रवक्ता, लोगों के स्वतन्त्र होने की इच्छा के प्रतीक के रूप में खड़े हुए। वह ऐतिहासिक मुकदमा था। एक-एक करके तिलक ने राजद्रोह एक्ट और सरकार के दमनकारी तरीकों की निन्दा की। उनका भाषण इक्कीस घंटे से भी ज्यादा चला। अन्त तक तिलक ने अपने को निर्दोष कहा और अपना अपराध मानने से इनकार कर दिया। यह तिलक की आश्चर्यजनक कानूनी क्षमता का प्रदर्शन था और उनका बचाव का स्पष्टीकरण स्वतन्त्रता का विधान बन गया। वैसे उन्हें अपनी सजा का पूर्वाभास हो गया था।

विधाता की इच्छा

22 जुलाई को सजा सुनाने से पहले जज ने अपना आखिरी बयान देने को कहा। अपने सुदृढ़, गम्भीर स्वर में लोकमान्य ने कहा, "जूरी के निर्णय के बावजूद मैं यही कहूंगा कि मैं निर्दोष हूं। हमारे ऊपर कुछ और बड़ी शक्तियां हैं जिनके इशारे पर मनुष्य और उसका संसार चलता है। शायद विधाता की यही इच्छा है कि जिस कार्य को मैं करना चाहता हूं, वह मेरे स्वतन्त्र रहने की अपेक्षा कष्ट सहने से ही पूरा हो।"

तिलक को छः साल के लिए कालेपानी की सजा सुनाई गई।

बम्बई में हड़ताल हो गई और इस निर्णय के विरोध में हिंसात्मक घटनाएं घटीं। जीवन में जैसे ठहराव आ गया। सिवाय उन प्रदर्शनकारियों के जो इस निर्णय के विरोध में काले झण्डे लिए नारे लगा रहे थे। सड़कें सुनसान थीं। हड़ताल चलती रही। तिलक की छः साल की सजा के बदले बम्बई में छः दिन तक जीवन बिलकुल रुक गया।

14 सितम्बर सन् 1908 को तिलक विदाई की जयकार और आंसुओं के बीच जहाज पर सवार हुए।

रंगून का किनारा नजर आ रहा था। तिलक जहाज से उतरने को तैयार हो रहे थे। अगले दिन वह मांडले पहुंच गये।

मांडले में उनकी कोठरी जेल के बाकी कमरों से दूर थी, यह उनके एकान्त कारावास की ओर इशारा कर रही थी। जेल के उस छप्पर में तिलक ने भीषण सर्दी और झुलसाने वाली गर्मी सही।

'गीता रहस्य'

तिलक का अधिकतर समय पढ़ने में व्यतीत होता था। उन्होंने फ्रेंच, जर्मन और पाली भाषाएं सीखीं। भगवद्गीता ने उन्हें हमेशा बहुत आकर्षित किया था। तिलक ने अपने विचारों को एकत्र कर उन्हें एक पुस्तक—'गीता रहस्य' का रूप देने का निश्चय किया। सरल गद्य में लिखी यह पुस्तक गहन दर्शन को व्यक्त करती है।

कर्म क्या है? उन्होंने यह प्रश्न उठाया और सही और गलत के उस अन्तरद्वंद को प्रस्तुत किया जो मानव विचारों को लम्बे समय से परेशान कर रहा है। गीता की व्याख्या करते हुए तिलक ने लिखा कि यह कर्म की बात करती है। ज्ञान और भक्ति दोनों जो मुक्ति का मार्ग दिखाते हैं वे कर्म द्वारा ही प्रतिपादित होते हैं। भगवान कृष्ण ने अर्जुन को युद्ध करने की शिक्षा दी थी ताकि वह धर्म को कायम रखने के अपने कर्त्तव्य को निभा सके। इस तर्क की व्याख्या करने के लिए तिलक ने शेक्सपीयर की रचनाओं, रोम के इतिहास, ग्रीक कथाओं और अन्य धर्मों की पुस्तकों से उदाहरण दिये।

तिलक ने पूरी पांडुलिपि पेन्सिल से लिखी और पेन्सिल के आखिरी हिस्से तक का पूरा इस्तेमाल किया क्योंकि उनको पेन्सिलें बहुत कम दी जाती थीं। उनको दिये जाने वाले कागज व पेन्सिल को इस डर से गिना जाता था कि तिलक कहीं जेल से बाहर सूचनाएं न भेज दें। उन्होंने नवम्बर सन् 1910 को लिखना शुरू किया और अगले वर्ष मार्च में नौ सौ पृष्ठ की पांडुलिपि लिखकर खतम की।

मांडले में रहते हुए उन्हें 7 जून सन् 1912 को हुई अपनी पत्नी की मृत्यु का तार मिला। तिलक को गहरा आघात लगा। चालीस वर्षों की सहचारिता का अन्त हो गया था। उन्होंने अपने भतीजे को लिखा, "तुम्हारे तार से बहुत बड़ा और गहरा धक्का लगा। अपने दुर्भाग्य को मैं शान्ति से सहन करने का आदी हूं, पर इस घटना ने मुझे हिला दिया है। हमारे अन्दर बसे विश्वास के अनुसार यह अवांछनीय नहीं है कि पत्नी पति से पहले मरे। मुझे सबसे अधिक

दुख इस बात का है कि अंतिम समय में मैं उसके पास नहीं था। होनी बलवान थी। मेरे जीवन का एक अध्याय समाप्त हुआ और दूसरे अध्याय की समाप्ति में भी अब देर नहीं है। उनकी अन्तिम क्रिया ठीक से कर देना और उनकी अस्थियों को इलाहाबाद या किसी अन्य जगह जहां की उन्होंने इच्छा की हो प्रवाहित कर देना। उनकी सारी अन्तिम इच्छाओं का पालन करना। जहां तक उनकी चीजों और गहनों का सम्बन्ध है, उनकी सूची बनाकर मेरे रिहा होने तक ताले में बंद करके रख देना। मुझे यकीन है कि माथू और दुर्गी (उनकी पुत्रियां) अभी वहीं होंगी। उन्हें, रामभाऊ और बापू (उनके पुत्र) को बहुत गहरा दुख हुआ होगा विशेषकर जबकि मैं भी वहां नहीं हूं। मैं उनसे भी छोटा था जब अनाथ हो गया था। दुर्भाग्य का सामना साहस के साथ करना चाहिये।''

सन् 1914 में अपनी सजा खतम होने तक, तिलक जेल में चार सौ पुस्तकें संचित कर चुके थे।

रंगून से वह एस.एस. मेयो जहाज पर वापस अपनी मातृभूमि के लिए रवाना हुए।

उनकी वापसी पर उनका परिवार गीता रहस्य को प्रकाशित करना चाहता था। असफलता मिलने पर भी वे बराबर मांडले जेल के अधिकारियों को तिलक की पांडुलिपि लौटाने के लिए लिखते रहे जिसे उन्होंने जब्त कर लिया था। किन्तु तिलक शान्त रहे। वह यह कहकर अपने दोस्तों को तसल्ली देते कि ब्रिटिश सरकार लिखित पांडुलिपि को जब्त कर सकती है किन्तु उनके दिमाग से इसे हटा नहीं सकती है। उन्हें पूर्ण विश्वास था कि वह दुबारा उसे लिख सकते हैं। कई महीनों के लगातार अनुरोध के बाद आखिरकार पांडुलिपि आ गई।

होमरूल लीग

राष्ट्रीय आन्दोलन मोर्चा शान्त था। हलचल मचाने के लिए सारे दल और गुटों को एकत्र करना आवश्यक था। तिलक ने अपने आप यह कार्य शुरू किया। पार्टी को मजबूत बनाना और कांग्रेस में एकता लाना उनका मुख्य उद्देश्य था। उनकी सारी योजनायें स्वराज्य के कार्य की प्रगति करने की ओर निर्देशित थीं।

होमरूल लीग के साथ तिलक सक्रिय राजनीति में कूद पड़े। उन्होंने विभिन्न स्थानों पर होमरूल लीग के केन्द्र खोले। अशिक्षित जनता के लिए उन्होंने होमरूल लीग की व्याख्या ऐसे की—

''अपने देश में मुझे वही अधिकार प्राप्त होने चाहिए जैसे इंग्लैंड में अंग्रेजों

को प्राप्त हैं। अर्थात अपने देश का प्रबंध भारतीयों के हाथ में होना चाहिए। होमरूल लीग आन्दोलन देश में चारों ओर फैल गया। दक्षिण में एनी बीसेंट ने होमरूल लीग का नेतृत्व संभाला। इस प्रकार राष्ट्रीय आन्दोलन सक्रिय हो उठा।

इसमें जनसमूह के भाग लेने के कारण कांग्रेस को शक्ति मिल गई।

युद्ध के बाद

इस समय ब्रिटेन प्रथम विश्व युद्ध में व्यस्त था। इस आवश्यकता की घड़ी में कांग्रेस, तिलक और अन्य नेताओं ने ब्रिटिश सरकार को सहयोग दिया। इसके बदले में वे अधिक स्वतन्त्रता और डोमिनियन स्टेटस (औपनिवेशिक राज्य पद) प्राप्त करने की आशा रखे हुए थे।

भारतीय नागरिकों के संवैधानिक अधिकारों की रिपोर्ट तैयार करने के लिए ब्रिटिश सरकार ने लार्ड मांटेग्यू को भारत का राज्य सचिव और चेम्सफोर्ड को वाइसराय नियुक्त किया। एवं उन्हें भारतीय नागरिकों के संवैधानिक अधिकारों पर रिपोर्ट देने के लिए कहा गया। यद्यपि, इस रिपोर्ट से सारे सपने टूट गये। युद्ध में दी गई सहायता का इनाम देने के बदले, अधिक प्रतिबंध लगा दिये गये; राजनैतिक गतिविधियों को नियन्त्रित कर दिया गया और न्याय के अधिकार कम कर दिये गये। न्यायपालिका पक्षपाती हो गई। बिना किसी सही सुनवाई के सजायें सुनाई जाने लगीं और ऐसा कोई न्यायालय नहीं था जहां भारतीय अपील कर सकें। एक बार फिर देश में असंतोष की लहर छा गई।

तिलक ने ब्रिटिश संसद को मांटेग्यू-चेम्सफोर्ड (मौन्टफोर्ड) रिपोर्ट की कमियों के बारे में बताने के लिए इंग्लैंड जाने का निश्चय किया। इससे पहले कि उनकी योजना कार्यान्वित हो पाती, तिलक को एक मानहानि के मुकदमे में इंग्लैंड बुला लिया गया। यह मुकदमा उन्होंने समाचारपत्र वाले सर वैलेन्टाइन शिरोल के विरुद्ध उनके 'टाइम्स' में छपे निन्दात्मक लेख के लिए दायर किया था।

तिलक मुकदमा हार गये। इसमें उनका काफी धन खर्च हो गया। लेकिन इस घटना से तिलक की प्रसिद्धि पर कोई फर्क नहीं पड़ा। अपनी हार से बिना डरे, तिलक ब्रिटिश संसद और यूरोप के अन्य स्थानों पर अपने देश और देशवासियों की भलाई की बारे में बोलते रहे। उनकी वापसी पर उन्हें धन देने के लिए भारत में लोग पैसे एकत्र करने लगे।

तिलक इंग्लैंड में थे तभी 13 अप्रैल, 1919 को हुए जलियांवाला बाग के

वीभत्स हत्याकांड से समस्त विश्व को आघात लगा। ब्रिटिश सरकार की प्रतिक्रिया ने भारतीय जनता को ज्यादा दुखी कर दिया क्योंकि जो जूरी इस मामले की जांच कर रही थी उसने इस निर्मम हत्याकांड का आदेश देने वाले जनरल डायर की निन्दा नहीं की। बल्कि उसके कर्त्तव्य की भावना की उन्होंने प्रशंसा की। तिलक बहुत क्रोधित हुए। वह अपने देश लौट आये।

अब तिलक बुढ़ापे की मुश्किलों को महसूस करने लगे थे। मधुमेह ने उनकी सेहत और खराब कर दी थी। तब भी वह सक्रिय राजनीति से हटे नहीं।

अन्त

राजनैतिक पटल पर गांधीजी असहयोग आन्दोलन के अपने नये सुझाव के साथ उभरे—एक ऐसा प्रयास जो पहले ही दक्षिण अफ्रीका और बिहार के चम्पारन में सफल हो चुका था। लोकमान्य ने इसे अपनी स्वीकृति दी।

तिलक को बहुत बार ज्वर हो चुका था। 26 जुलाई को उनका ज्वर बिगड़ गया। 1 अगस्त सन् 1920 को लोकमान्य ने अन्तिम सांस ली।

तिलक के लिए स्वराज मात्र एक शब्द नहीं था। बलिदान और संघर्ष द्वारा उन्होंने स्वतन्त्रता का पथ बनाया। ब्रिटिश शासन से स्वतन्त्रता प्राप्त करना उनका ध्येय था। अपनी सर्वोच्च निष्ठा के साथ उन्होंने भारतीय स्वतन्त्रता की नींव रखी। इसके अतिरिक्त, वह महान विद्वान, विचारक और दार्शनिक थे। गोखले, जो राजनीति में उनके विरुद्ध खड़े हुए थे, तिलक के बारे में उन्होंने कहा, "...ऐसा कोई व्यक्ति नहीं है जिसने अनेक बार ऐसा धैर्य और सहनशीलता और बहादुरी दिखाई हो। अपने संघर्ष के दौरान, वह हारे और अपने अदम्य साहस द्वारा फिर उठ खड़े हुए।"

गांधीजी ने विशिष्ट रूप से कहा, "यह विश्वास करना कठिन है कि लोकमान्य बाल गंगाधर तिलक की मृत्यु हो गई है। वह देशवासियों के एक अभिन्न अंग थे। हमारे समय के किसी और व्यक्ति ने जनसमुदाय को इतना प्रभावित नहीं किया जितना कि उन्होंने किया। अपने हजारों देशवासियों की जो निष्ठा उन्हें प्राप्त थी वह असाधारण है। वह निस्सन्देह लोगों के आदर्श थे। उनका एक शब्द लोगों के लिए कानून था। एक विशाल व्यक्ति नहीं रहा है। शेर की आवाज मौन हो गई है। अपने देशवासियों पर उनके नियन्त्रण का क्या कारण था? मेरे ख्याल से उत्तर आसान है। उनके अन्दर राष्ट्रीयता की भावना की धुन

थी। देश के प्रति प्रेम के अतिरिक्त उनको कोई और धर्म मान्य नहीं था। वह पैदाइशी लोकतन्त्रवादी थे।

''वह एक गहनता से बहुमत पर शासन करने की बात पर विश्वास करते थे जिसने मुझे काफी डरा दिया था। पर वही उन्हें नियन्त्रण की शक्ति देती थी। उनके पास लौह इच्छाशक्ति थी जिसे उन्होंने अपने देश के लिए इस्तेमाल किया। उनका जीवन खुली किताब था। उनकी पसन्द साधारण थी। उनका निजी जीवन साफ-सुथरा और निष्पाप था। उन्होंने अपनी आश्चर्यजनक क्षमताएं देश को समर्पित की थीं। कोई और व्यक्ति लोकमान्य जैसे सामंजस्य और आग्रह के साथ स्वराज्य के सिद्धांत को नहीं सिखा सकता।

''इसलिए, उनके देशवासी निर्विवाद रूप से उन पर विश्वास करते थे। वह युगों तक आधुनिक भारत के निर्माता के रूप में जाने जायेंगे। उनकी याद को ऐसे व्यक्ति के रूप में आदर दिया जायेगा जो उनके लिए जीया और उनके लिए ही अपने प्राण दे दिये।''

स्वतन्त्रता के संघर्ष के दौरान, उनके विचार और शब्द प्रेरणा देते रहे और स्वराज एक सच्चाई बन गया। देश के प्रत्येक हिस्से में लोकमान्य की बुलंद आवाज लोगों के हृदय में गूंजती रहेगी, ''स्वराज मेरा जन्मसिद्ध अधिकार है...''

अन्ना साहेब कर्वे

सुरेखा पाणंदीकर
अनुवादः प्रतिभा श्रीवास्तव

''डा० कर्वे का जीवन और इस परिपक्व आयु में उनकी मृत्यु, महान कठिनाइयों का सामना करते हुए उनकी विजयपूर्ण सफलताओं की गाथा है। वह सब अर्थों में महान थे और भारत को उन पर गर्व है। उनकी स्मृति चिरस्थायी रहेगी।''

जवाहरलाल नेहरू

अन्ना साहेब कर्वे

धोंडू ने पैदल ही लम्बा रास्ता तय कर लिया था। उसके पैर घाट की पहाड़ियों को चढ़ते-चढ़ते बहुत दर्द करने लगे थे। फिर भी वह चलता गया। रविवार की सुबह थी, उसे व उसके तीन साथियों को अगले दिन तक सतारा पहुंचना था। लक्ष्य दूर था पर उनका निश्चय दृढ़ था। वे ठीक समय पर सतारा पहुंच गये।

छठी कक्षा की परीक्षा के लिये नामांकन अभी चल रहा था, धोंडू के मित्रों को नामांकन की अनुमति मिल गई थी। निरीक्षक ने छोटे दुर्बल धोंडू को देखकर बाहर निकालते हुये कहा, "तुम अन्दर नहीं जा सकते क्योंकि तुम 15 साल के नहीं दिखते हो। तुम परीक्षा में नहीं बैठ सकोगे। धोंडू के पास स्कूल का योग्यता पत्र था, परन्तु वह अवाक-सा लज्जा के कारण एक शब्द भी न बोल सका।

वह हतोत्साहित होकर घर लौट आया। उसने कड़ा परिश्रम किया और सन् 1876 में होनेवाली परीक्षा में बैठा और अच्छे अंकों से उत्तीर्ण हुआ।

धोंडू बहुत अच्छे विद्यार्थी थे। गणित उनका सबसे प्रिय विषय था। वह गणित के जटिल सवालों को बहुत रुचि से हल किया करते। यहां तक कि कई बार वह सवालों को हल करने में इतने लीन हो जाते कि मां को खाना खाने के लिये भी जबरदस्ती करनी पड़ती।

धोंडू की संस्कृत में भी बहुत रुचि थी। वह संस्कृत के श्लोकों का सुन्दर तरीके से सस्वर पाठ करते परन्तु जब बात करने का अवसर आता तो चुप्पी साध जाते थे। उनके इस लज्जालू स्वभाव के कारण उन्हें अपनी छात्रवृत्ति से भी हाथ धोना पड़ा था। धोंडू के लिये बम्बई में अपनी पढ़ाई जारी रखने के लिये छात्रवृत्ति पाना बहुत आवश्यक था।

छात्रवृत्ति के लिये लिखा गया निबंध धोंडू द्वारा ही लिखा होने पर भी प्रोफेसर जैक्सन को, जो उनके अंग्रेजी के अध्यापक थे, विश्वास नहीं हुआ था। प्रोफेसर जैक्सन ने धोंडू को इसी कारण अयोग्य घोषित कर दिया। धोंडू अपनी सफाई में एक शब्द भी नहीं कह पाया, बस अपना माथा पीट कर रह गया। उनके इस निराशापूर्ण भाव, उदास और असहाय मुख को देखकर प्रो॰ जैक्सन ने पूछा, "क्या तुम अभी इसी विषय पर कुछ पंक्तियां लिख सकते हो?"

धोंडू ने सिर हिला कर हामी भर दी और आधा पन्ना लिख डाला। उसे देख प्रो॰ जैक्सन को विश्वास हो गया और धोंडू को छात्रवृत्ति मिल गई।

संकोंच और लज्जा के कारण वह खुल कर बात नहीं कर पाते थे। लेकिन उनका यही स्वभाव उनके लिये वरदान सिद्ध हुआ। वह कड़ा परिश्रम करने लगे और कर्मशील बन गये। धोंडू का पूरा नाम धोंडो केशव कर्वे था। अपने 104 वर्ष के जीवन काल की दीर्घावधि में भी वह चुपचाप रचनात्मक रूप से भारतीय महिलाओं के उत्थान के लिये काम करते रहे। उनके इस महान कार्य के कारण ही उन्हें देश के सर्वोच्च पुरस्कार 'भारत रत्न' से विभूषित किया गया।

कार्य की परिकल्पना

धोंडो केशव कर्वे का जन्म महाराष्ट्र के जिला कोंकण के छोटे से तटीय ग्राम मुरुद में हुआ था। कर्वे परिवार एक संपन्न परिवार हुआ करता था जो कि महाराष्ट्र की रियासतों के राजाओं को ऋण देने का कार्य करता था परन्तु जब धोंडू का जन्म 18 अप्रैल 1858 में हुआ तब तक कर्वे परिवार की आर्थिक दशा बहुत शोचनीय हो चुकी थी। उनके माता-पिता बहुत गरीब हो गये थे। फिर भी उनका चरित्र दृढ़ था और अपनी यही विशेषता उन्होंने अपने बच्चों को दी।

एक दिन धोंडू के एक मित्र ने आकर सूचना दी, "बड़ौदा के महाराजा विद्यार्थियों को दक्षिणा के रूप में दस-दस रुपये बांट रहे हैं। चलो हम भी जाकर लें।"

धोंडू और उनके भाई भीकू ने मां से जाने की अनुमति मांगी। मां ने सलाह दी, "सुनो बच्चो, दूसरों के दान पर कभी निर्भर नहीं रहना चाहिये, तुम्हें स्वयं कार्य करना चाहिये। तुम्हारे हाथ सदैव दें, ले कभी नहीं। स्मरण रहे भगवान ने तुम्हें दो हाथ और बुद्धि दी है, उनका प्रयोग अच्छे कार्यों के लिये करो।"

धोंडू उन शब्दों को कभी नहीं भूल पाये। यहां तक कि जब वह पाठशाला

में थे तब से ही उन्होंने परिवार की आमदनी में अपना योगदान देना आरम्भ कर दिया था। उन्होंने कुछ कमाई सूखे पत्तों से पत्तले बनाकर, बांस और पत्तों से टोपियां और छोटी-छोटी छतरियां बनाकर की। उन्होंने विद्यार्थियों को प्रशिक्षण देना भी आरम्भ कर दिया।

माता की दूसरी सीख को पूरा करने के लिये वह ग्राम पुस्तकालय में सहायता कार्य करने लगे। वह अशिक्षित ग्रामवासियों को समाचार पत्र पढ़कर सुनाते थे। वह ग्राम की सहकारी संस्था में निशुल्क सहायता कार्य भी करने लगे। सहकारी दुकान के अधिकांश सदस्य उधार पर सामान लेते थे। छोटा धोंडू उन्हें मना नहीं कर पाता था। वर्ष के अन्त में सहकारी संस्था बन्द करनी पड़ी। धोंडू को अपनी जेब से कुछ पैसे भरने पड़े जबकि वास्तव में उनका कोई दोष नहीं था।

धोंडू ने समाज सेवा करने के लिये प्रथम पाठ यह सीखा कि सार्वजनिक सम्पत्ति का लेखा-जोखा सदा पूर्ण और सही रखना चाहिए।

धोंडू का विवाह 15 वर्ष की अल्पायु में ही 1873 में नौ वर्ष की राधाबाई से हो गया। उनकी आगे की शिक्षा में इससे कोई रुकावट नहीं आई। स्वयं विद्यार्थी होने पर छुटिट्यों के दौरान धोंडू अपनी पत्नी को लिखना-पढ़ना सिखाते। राधाबाई मेधावी छात्रा थीं। इस पढ़ाई-लिखाई की समाप्ति सन् 1883 में उनके प्रथम पुत्र रघुनाथ का जन्म होने पर हुई।

उच्च शिक्षा प्राप्त करने के लिये धोंडू बम्बई गये। बम्बई में रहने का अर्थ था अधिक खर्चा। अपनी पढ़ाई पूरी करने के लिये धोंडू ने बच्चों को शिक्षा देना आरम्भ किया। वह बहुत सोच-समझकर पैसे खर्च करते और साधुओं के समान जीवन व्यतीत करते थे। जब वह मैट्रिक में थे तभी उनके पिता का देहान्त हो गया था। धोंडू नौकरी करना चाहते थे लेकिन उनके बड़े भाई और मां ने उन्हें पढ़ाई जारी रखने के लिए मना लिया।

अध्यापक के रूप में

धोंडू ने अनुभव किया कि उनकी पढ़ाई जारी रखने का अर्थ है बड़े भाई और मां पर बहुत अधिक बोझ। उन्होंने अपने खर्चे और भी कम कर दिये। वह पूरी लगन से अपनी पढ़ाई करने लगे। उन्होंने मैट्रिक में बहुत अच्छे अंक प्राप्त किये, इस कारण उन्हें बम्बई के प्रतिष्ठित एलफिंस्टन विद्यालय में दाखिला मिल गया। उन्होंने स्नातक कोर्स के लिये अपने प्रिय विषय गणित का चयन

किया। उन्होंने इस विषय में विशिष्टता पाई और सन् 1884 में वह स्नातक हो गए।

धोंडू ने अच्छी नौकरी ढूंढ़ने के बजाय अध्यापन का कार्य प्रारम्भ किया। वह अपनी धर्मपत्नी राधाबाई और बेटे रघुनाथ को बम्बई ले आये और गिरगांव में घर ले लिया।

कर्वे अपने विद्यार्थियों के बीच बहुत लोकप्रिय थे। वे अपने विद्यार्थियों से बहुत स्नेह करते थे और हर सम्भव ढंग से उनकी सहायता भी करते थे। वास्तव में बम्बई में उनका घर विद्यार्थियों के रहने का स्थान अधिक और घर कम था। उनके चचेरे भाई और दूसरे विद्यार्थी जो उच्च शिक्षा प्राप्त करने के लिये गांव से बम्बई आते थे सभी कर्वे के यहां ठहरते थे। वे सभी उनके 'परिवार' का हिस्सा बन जाते थे।

इतने बड़े परिवार के लिये भोजन तथा दूसरी जरूरतों को जुटाने के लिये 'अन्ना' (बड़ा भाई), सब उन्हें इसी नाम से जानते थे, को सुबह से देर शाम तक काम करना पड़ता था। पैसों की बचत के लिये वह गिरगांव से सेंट पीटर विद्यालय—मझगांव, जहां वह पढ़ाते थे, करीब 20 किलोमीटर की दूरी पैदल तय करते।

उनकी पत्नी राधाबाई ने सदैव उनका साथ दिया, परन्तु दुर्बल राधाबाई के लिये इतने बड़े परिवार की देखरेख करना सम्भव नहीं था। अतः वह बीमार पड़ गई। अन्ना ने उन्हें आराम करने के लिये तथा स्वास्थ्य लाभ के लिये मुरुद भेज दिया। परन्तु इससे कोई लाभ नहीं हुआ और सन् 1891 में राधाबाई की मृत्यु हो गई। राधाबाई के बिना अन्ना को बम्बई के घर में अकेलापन काटने लगा। उन्होंने निश्चय किया कि वह पुणे के फर्गुसन विद्यालय में प्रोफेसर का पद स्वीकार कर लेंगे। अन्ना और उनका परिवार पुणे चला गया।

महिलाओं की भलाई हेतु

सती प्रथा के विरुद्ध राजा राम मोहन राय का अथक परिश्रम सफल हुआ। सन् 1829 में सती प्रथा को अवैध घोषित कर दिया गया। परन्तु विधवाओं की कोई परवाह नहीं करता था। उनकी हालत जानवरों से भी ज्यादा खराब थी। वे किसी भी सामाजिक समारोह में भाग नहीं ले सकती थीं। किसी भी अच्छी चीज जैसे स्वादिष्ट खाना, अच्छे कपड़े और आरामदेह बिस्तर की उनके लिये मनाही थी। उनके बाल मुंड़ा दिये जाते थे। उन्हें गेरुआ वस्त्र पहनने के

लिये बाध्य किया जाता था। विधवाओं को घर के बाहर बरामदे में या गौशाला में सोना पड़ता था। उन्हें बचा हुआ खाना मिलता था। उस युग में विधवा होना एक श्राप के समान था।

अन्ना ने उनकी स्थिति के विषय में पढ़ा और सुना था। परन्तु एक दिन उन्होंने अपने घनिष्ठ मित्र की बहन को सिर मुंड़वाने की यातना सहते हुये देखा। इस मार्मिक घटना ने उनके हृदय को झकझोर डाला। उन्होंने निश्चय किया कि वह विधवाओं की स्थिति सुधारने के लिये कार्य करेंगे।

सन् 1889 में पंडिता रमाबाई ने कम आयु की विधवाओं के लिये शारदा सदन की स्थापना की। ईश्वरचन्द विद्यासागर विधवाओं के पुनर्विवाह के सक्रिय समर्थक थे।

सामाजिक तूफान

यह प्रथम अवसर था जब अन्ना के एक सम्बन्धी ने उनसे पूछा, "तुम पुनर्विवाह क्यों नहीं कर लेते? अभी तो तुम्हारी आयु भी अधिक नहीं है।"

"पुनर्विवाह," अचानक अन्ना के मस्तिष्क में यह क्रान्तिकारी विचार उत्पन्न हुआ। "हां, मैं पुनर्विवाह करूंगा...मगर विधवा से," अन्ना ने घोषित किया। उनके सम्बन्धियों को आश्चर्य हुआ। उन्होंने अन्ना को समझाने का प्रयत्न किया।

अन्ना अपने निर्णय पर अटल रहे। वह अपने मित्र नरहर पन्त के पास गये और बोले, "क्या आप अपनी बहन गोदूबाई का विवाह मुझसे करेंगे?"

गोदूबाई एक विधवा थीं। अन्ना की बात सुनकर नरहर पन्त इतने प्रसन्न हुये कि खुशी से उनके मुख से कोई शब्द ही नहीं निकला।

विवाह की रस्मों को पूर्ण करने के लिये पुणे का कोई भी पंडित तैयार नहीं था। बम्बई के निकट मालवान के एक पढ़े-लिखे ब्राह्मण पंडित वेदमूर्ति वाजे इस कार्य के लिये आगे आये। 11 मार्च 1893 को बहुत ही सादे तरीके से शांतिपूर्वक विवाह सम्पन्न हुआ।

कन्या को उपहार के रूप में देने की रस्म—कन्यादान के बदले 'आत्मदान' स्वयं का उपहार, की रस्म स्वयं कन्या द्वारा पूरी की गई। संदेह नहीं की यह केवल एक संकेत था परन्तु इसमें पुरुष और स्त्री के बीच समानता के कारण हलचल पैदा हो गई। समानता, यह विचार उस समय के समाज की समझ से बाहर की बात थी।

अन्ना और गोदूबाई के विवाह से सामाजिक तूफान उठ खड़ा हुआ। कुछ विद्वानों और विशिष्ट लोगों ने इसका स्वागत किया परन्तु सामान्य लोगों ने अन्ना और उनकी पत्नी, जिनका नाम अब आनन्दीबाई रख दिया गया था, का बहिष्कार किया। उससे भी बुरा हाल तब हुआ जब अन्ना अपनी धर्मपत्नी के साथ मां का आर्शीवाद लेने के लिये गांव गये। सामाजिक बहिष्कार इतना मजबूत था कि अन्ना को अपनी धर्मपत्नी के साथ गौशाला में रहना पड़ा। गांव वालों के धार्मिक बहिष्कार और धमकियों के कारण उनकी मां और भाई उनसे बात भी न कर सके।

अन्ना के मन को इन सब बातों से बहुत चोट पहुंची। उनके बड़े भाई तनाव की स्थिति में उत्तेजित हो उठे लेकिन अन्ना शान्त रहे। वह विधवाओं के पुनर्विवाह के बारे में सामाजिक विचार बदलने के लिए और अधिक दृढ़ संकल्प हो गये। उन्होंने 'विधवा विवाह समिति' नामक एक संस्था की स्थापना की। इस समिति की स्थापना उन सभी लोगों के लिये की गई जो विधवा विवाह कर चुके थे और इन दम्पतियों के बच्चों के साथ विवाह सम्बन्ध करने को तैयार थे। अन्ना को वामनराव कोल्हाटकर में एक विश्वासपात्र सहायक मिले।

अनाथ आश्रम

अन्ना ने विधवा विवाह के प्रचार के लिये संपूर्ण महाराष्ट्र का भ्रमण किया। उन्होंने इस संस्था के लिये दान भी एकत्रित किया।

अन्ना के दूसरे पुत्र शंकर का जन्म सन् 1894 में हुआ। विधवाओं की स्थिति सुधारने और निराश्रित महिलाओं को आश्रय देने के लिये अन्ना द्वारा किया गया कड़ा परिश्रम फल लाया। धीरे-धीरे लोगों ने इन महिलाओं की शिक्षा के महत्व और आवश्यकता को समझना आरम्भ किया।

अन्ना की माता की मृत्यु हो गई। सामाजिक बहिष्कार के कारण अन्ना अपनी माता के अन्तिम दर्शन भी न कर पाये। इससे अन्ना बहुत ही दुखी हुये परन्तु वह उन लोगों में से नहीं थे जो निजी दुख के कारण निष्क्रिय हो जाते हैं। उन्होंने निराश्रित महिलाओं की दशा सुधारने के लिये दुगने जोर-शोर से काम करना आरम्भ कर दिया।

अन्ना को विश्वास हो गया कि जब तक महिलाओं को शिक्षा प्रदान नहीं की जाती, तब तक उनकी हालत और स्तर में सुधार नहीं हो सकता। उन्होंने

निश्चय किया कि वह निराश्रित महिलाओं के लिये एक घर 'अनाथ आश्रम' की स्थापना करेंगे। अन्ना एक बार जब कुछ ठान लेते, फिर कोई भी बाधा उन्हें डिगा न पाती थी।

अन्ना के कार्य में पैसे की कमी ने कभी विघ्न नहीं डाला। उन्हें अपनी माता के कहे शब्द याद थे। आश्रम के लिये दूसरों से दान मांगने से पूर्व ही उन्होंने स्वयं एक हजार रुपये दान दे दिये। यह उनकी बचत थी। बहुत से लोगों ने चन्दा देने से मना कर दिया, यहां तक कि यह कहते हुये उनके मुंह पर जोर से दरवाजा बन्द कर दिया, ''तुम भिखारी हो, यहां से चले जाओ।'' मगर अन्ना हतोत्साहित नहीं हुए और न ही वह अपने उद्देश्य से कभी डगमगाये। उन्हें अपने कार्य की अच्छाई में विश्वास था। यह दृढ़ विश्वास और साहस ही था जो उन्हे आगे बढ़ने की हिम्मत प्रदान कर रहा था। वह आश्रम के लिये चन्दा मांगने घर-घर जाते रहे। उनके लिये छोटी से छोटी रकम भी मान्य थी। उन्होंने एक गृहिणी से एक पैसे की भेंट भी उसी नम्रता से स्वीकार की जिस तरह से वह एक करोड़पति से एक लाख रुपये की भेंट स्वीकार करते थे।

सन् 1896 में प्रसिद्ध भारतीय इतिहासशास्त्री (इन्डोलॉजिस्ट) डॉ॰ रामकृष्ण गोपाल भंडारकर 'अनाथ बालिका आश्रम संस्था' के अध्यक्ष बने। आश्रम का आरम्भ दो बालिकाओं से हुआ, लेकिन एक वर्ष के अन्दर ही 15 और बालिकायें इसमें भर्ती हो गईं। इन की संख्या बढ़ती जा रही थी। शहर के किराये का मकान विद्यार्थियों की बढ़ती संख्या के लिये पर्याप्त नहीं था इसलिये आश्रम को पुणे से 10 किलोमीटर दूर एक गांव हिंगने में ले जाया गया। वहां जाने के लिये कोई सड़क भी नहीं थी, यहां तक कि आश्रम तक जाने के लिये बैलगाड़ी भी कठिनाई से जाती थी।

अन्ना को विश्वास था कि महिलायें स्वयं अपने कार्यों को करें तो अच्छा होगा। उन्होंने आश्रम निवासी और अन्य महिलाओं को प्रोत्साहित किया कि वे आश्रम की व्यवस्था और प्रबन्ध कार्य में भाग लें। महिलाओं ने बाहर जाकर धन एकत्रित करना भी आरम्भ किया। चन्दे द्वारा धन काफी मात्रा में आने लगा। एक दम्पति ने तो पूरे जीवन की बचत चंदे के रूप में दे दी, सिर्फ थोड़ी-सी राशि उन्होंने तीर्थयात्रा के लिये बचा कर रखी।

अन्ना को लोक प्रसिद्धि या जन प्रचार में विश्वास नहीं था और न ही वह अपने कार्यों का ढोल पीटना चाहते थे। वह चुपचाप काम करने वाले व्यक्ति थे। वह जानते थे कि सामाजिक सुधार एक आदमी के जोश से नहीं हो सकता।

संपूर्ण निर्माण कार्य के लिये ऐसे समर्पित स्वयं सेवकों की आवश्यकता थी जो एक धर्म प्रचारक (मिशनरी) की तरह हों।

कर्म मठ

सन् 1908 में उन्होंने 'निष्काम कर्म मठ' नामक ऐसी संस्था की स्थापना की जिसमें स्वार्थरहित कार्यकर्त्ता कार्य करते थे। मठ के स्वयंसेवक को शपथ ग्रहण करनी पड़ती थी कि वह अपनी पूरी शक्ति और निष्ठा से आश्रम के लिये बिना किसी पारिश्रमिक के कार्य करेगा। उनकी मूल आवश्यकताओं—खाना, कपड़ा और आश्रय के स्थान का प्रबन्ध आश्रम द्वारा किया जायेगा। 'निष्काम कर्म मठ' के स्वयंसेवकों ने आश्रम के कार्य को आगे बढ़ाया। सामाजिक आलोचना और बहिष्कार का उन पर कोई प्रभाव नहीं हुआ। एक दिन एक सज्जन अपनी तीन बेटियों के साथ आश्रम में आये। सबसे बड़ी बेटी विधवा थी, उसे आश्रम में भर्ती कर लिया गया। "मैं इन दोनों का क्या करूं? मैं इनकी शिक्षा का भार नहीं उठा सकता हूं और न ही मैं इनका विवाह युवकों से कर सकता हूं क्योंकि वह दहेज की मांग करते हैं। अब मेरे पास कोई विकल्प नहीं है। बड़ी बहन के समान इनका विवाह भी किन्हीं बूढ़े आदमियों से करना पड़ेगा। क्या मुझे तब तक इन्तजार करना पड़ेगा जब तक ये भी विधवा होकर आपके आश्रम में आयेंगी?" सज्जन पुरुष ने करुणा भरे स्वर में पूछा।

सज्जन पुरुष की दुविधा का अनुभव करते हुये अन्ना ने उनकी दोनों बेटियों को भी आश्रम में भर्ती कर लिया।

लड़कियों का स्कूल

गरीब परिवार की लड़कियों के लिये आवासी पाठशाला का विचार एक चिनगारी के समान था। यदि लड़कियां पाठशाला जाने लगेंगी तो उनके विवाह में भी विलम्ब किया जा सकता है। बाल विवाह भी रोका जा सकता है। लड़कियों का वृद्ध पुरुषों से अनिच्छापूर्ण विवाह भी टाला जा सकता है। कम आयु की लड़कियां विधवा जीवन के अभिशाप से बच सकती हैं। अन्ना को विश्वास था कि शिक्षा ही ऐसी चाबी है जिसके द्वारा बहुत-सी सामाजिक समस्याओं का समाधान हो सकता है। सन् 1907 में आश्रम में ही लड़कियों

के लिये आवासी पाठशाला भी खोली गई। पाठशाला में लिखने-पढ़ने की शिक्षा के साथ-साथ उन्हें विभिन्न हस्तकौशल सिखाये जाते थे ताकि छात्रायें स्वावलम्बी बन सकें।

पाठशाला और आश्रम सामाजिक सुधार के केन्द्र बन गये। यहां पर विधवायें उदास और असहाय नहीं दिखाई देती थीं। शिक्षित विधवाओं को पढ़ाने का कार्य और अन्य प्रशिक्षण भी दिया जाता था, उन्हें आश्रम और पाठशाला के प्रशासनिक कार्य भी सौंपे जाते थे। काफी विद्यार्थियों ने आश्रम के बाहर भी कार्य करना शुरू कर दिया। आश्रम की सफलता ने नये सामाजिक विचारों का प्रचार किया।

एक आश्रमवासी ने कहा, "विषाद के अन्धेरे में से अन्ना ने हमें आत्म-सम्मान का प्रकाश दिखाया है।"

वरिष्ठ लोगों ने आश्रम और पाठशाला को जाकर देखा। अन्ना को उस समय बहुत खुशी हुई जब गांधीजी ने आश्रम देखा और उनके प्रयासों की सराहना की। गांधीजी निष्काम कर्म मठ के स्वयंसेवकों और विशेषतौर पर स्वयं सेविकाओं से बहुत अधिक प्रभावित हुये।

अन्ना कर्वे सन् 1911 में फर्गुसन विद्यालय से सेवा निवृत्त हो गये। अब वह अपना पूरा समय पाठशाला और आश्रम को दे सकते थे। सन् 1913 में पहली बार वह पुणे के जॉन मेमोरियल हॉल में अपने कार्य के विषय में व्याख्यान देने के लिये सहमत हुये। विषय था 'महिलाओं की सेवा में बीस वर्ष'। उनका व्याख्यान, उनके जीवन के ज्ञान और अनुभव का अतुलनीय मिश्रण था। यह भारतीय समाज की आत्मा और ज्ञान का विश्लेषण था। बहुत से लोगों ने उनके व्याख्यान की सराहना की और आश्रम के लिये चन्दा भी दिया।

एस एन डी टी विश्वविद्यालय

अन्ना को एक दिन जापान से एक दिलचस्प पत्र मिला। उसमें जापान के एक महिला विश्वविद्यालय की सूचना दी गई थी। अन्ना को लगा कि वह पत्र उनके अपने विचारों का ही प्रतिबिम्ब था। अन्ना को अपनी शक्ति लगाने के लिये एक नई दिशा मिल गई। उन्होंने अपने सहकर्मियों से महिलाओं के विश्वविद्यालय के विषय में विस्तारपूर्वक विवेचन किया। सदा की भांति अन्ना ने सबसे पहले चन्दा दिया। इस बार उन्होंने अपने बीमे की रकम दी। उन्होंने

अपनी भविष्य निधि और दूसरी बचत पहले ही पाठशाला आरम्भ करने के समय दे दी थी।

लोगों ने महिला विश्वविद्यालय के विचार का काफी स्वागत किया। गांधीजी ने सद्‌भाव से उनके कोश में 10 रुपये प्रतिवर्ष की भेंट दी।

विश्वविद्यालय की स्थापना सन् 1916 में हुई और अन्ना उसके प्रथम प्रधानाचार्य नियुक्त हुये। अगले वर्ष ही उसमें शिक्षक प्रशिक्षण विद्यालय भी जोड़ा गया।

अन्ना की 61वीं वर्षगांठ पर महाराष्ट्र की महिलाओं ने उपहार के रूप में उन्हें 2,500 रुपये भेंट किये। अन्ना के लिये इन रुपयों का कोई उपयोग नहीं था। उन्होंने उस राशि में 200 रुपये और मिलाकर आश्रम को भेंट दे दी। जब विट्ठलदास ठाकरसी ने बहुत बड़ी राशि चंदे के रूप में दी तो महिला विश्व विद्यालय की आर्थिक नींव मजबूत हो गई। उसी समय से विश्वविद्यालय 'श्रीमती नाथी बाई दामोदर ठाकरसी के नाम से जाना जाने लगा। इसे संक्षिप्त में एस.एन.डी.टी. विश्वविद्यालय भी कहा जाता है।

मार्गदर्शक

अन्ना के नाम की प्रसिद्धि एवं उनके साहस और जोखिम के कार्यों की चर्चा चारों ओर फैल गई थी। उनके विचारों, उत्साह एवं सामाजिक कार्यों के लिए उनकी तुलना राजा राम मोहन राय, रानाडे, स्वामी विवेकानन्द और गांधीजी से की जाती थी। परन्तु अन्ना में कोई परिवर्तन नहीं आया था। वह वैसे ही नम्र, सीधे और संकोची व्यक्ति रहे। उन्होंने कभी भी स्वयं का गुणगान नहीं किया। इसका परिणाम यह था कि कई बार लोग उन्हें पहचान भी नहीं पाते थे।

एक बार उन्होंने चन्दे के लिये सेठ मूलराज के सामने प्रस्ताव रखा। "मैं तुम्हें नहीं जानता, मैं कैसे हर किसी को चन्दा दे सकता हूं," सेठजी ने उत्तर दिया।

अन्ना चुपचाप वापस आ गये। जब सेठजी के नौकर ने उन्हें बताया कि अन्ना कौन थे, तब वह भागते हुए अन्ना के पास आए। "मुझे माफ कर दीजिए। मैं आपको पहचान नहीं पाया। कृपया मेरी यह तुच्छ भेंट अपने परोपकारी कार्यों के लिये स्वीकार कीजिए।" सेठजी ने अन्ना को 35,000 रुपये का चैक थमा दिया।

पुणे की नगरपालिका ने अन्ना की 70वीं वर्षगांठ पर उनका अभिवादन

किया। नगरपालिका ने हिंगने का एक मार्ग जो आश्रम की ओर जाता था, उस का नाम अन्ना के नाम पर रखा। कर्वे मार्ग सामाजिक कार्यकर्त्ताओं के लिये मार्गदर्शक बन गया।

विदेश में

अन्ना ने यूरोप, अमेरिका और जापान की यात्रा डॉ० कमलाबाई देशपांडे के साथ की। वह अन्ना की उन छात्राओं में से एक थीं जिन्होंने विधवा होने के बावजूद 'डाक्टरेट' स्तर तक शिक्षा ग्रहण की थी। महिलाओं ने अन्ना के उत्साह और साहस को ग्रहण किया और उनके ज्ञान की मशाल को जलाये रखा।

विदेश भ्रमण में पर्यटक स्थानों को देखने का या समारोहों में भाग लेने के बजाये अन्ना ने महिलाओं के कॉलेज और विश्वविद्यालयों का निरीक्षण किया। वह पेरिस में स्थित अन्तर्राष्ट्रीय महिला हॉस्टल से बहुत प्रभावित हुए। यह हॉस्टल एक अमेरिकन महिला चलाती थीं। अन्ना ने महसूस किया कि ऐसे छात्रावासों की स्थापना हमारे देश में होनी चाहिये जिससे युवा लोगों में एकता की भावना आये।

अमेरिका में वह एक छोटी लड़की लीलावती के सद्भावना प्रदर्शन से बहुत प्रभावित हुए। वह एक अनाथ थी। उसके पिता रामचन्द एक क्रान्तिकारी थे जो अपने देश की स्वतन्त्रता के लिये लड़े थे। वह गदर आन्दोलन में शहीद हुए थे। अन्ना का आश्रम के बारे में भाषण सुनकर उसने उन्हें 15 डालर का चैक दिया। यह उसकी अपनी थोड़ी-सी कमाई से की गई बचत थी। उसकी दयनीय दशा देखकर उन्होंने उस चैक को भुनाया नहीं लेकिन सदा उसकी सद्भावना को याद रखा।

अन्ना अपने भ्रमण से नये विचारों और आश्रम के लिये चन्दा लेकर आये। अगले वर्ष उन्होंने सपत्नीक अफ्रीका की यात्रा की। उनके बेटे शंकर ने वहां चिकित्सक का कुशलतापूर्वक कार्य आरम्भ किया था। उन्हें इस कार्य हेतु बड़ी मात्रा में चन्दा प्राप्त हुआ। लोगों ने खुले दिल से उनकी संस्था के लिये चन्दा दिया क्योंकि अन्ना ने एक-एक पैसे का हिसाब रखा और उन्हें दिया। वह बहुत सावधानी से पैसों का लेखा-जोखा रखते थे।

अन्ना अस्सी वर्ष की आयु में भी सक्रिय थे। उनके पास जो धनराशि थी उससे उन्होंने सन् 1936 में महाराष्ट्र ग्राम प्राथमिक शिक्षण मंडल आरम्भ किया। इस संगठन ने गांवों में पाठशालायें खोलना आरम्भ किया—एक ऐसा क्षेत्र जो महिला शिक्षा की व्यस्तता के कारण अन्ना द्वारा उपेक्षित रह गया था। अस्सी वर्ष के वृद्ध व्यक्ति अन्ना अभी भी एक युवक के समान ओजस्वी और कर्मठ थे।

वह अपनी सवेरे की सैर के साथ-साथ अपने नये संगठन, समता संघ के लिये पैसा एकत्र करते। वह धन इकट्ठा करने के लिये मीलों पैदल चलते। वह पब्लिक फंड में से एक पैसा भी अपनी सुविधा के लिये खर्च नहीं करते थे।

सन् 1944 में अन्ना ने समता संघ की स्थापना की। इस संघ के तीन सौ सदस्य थे जिनके विचार अन्ना के विचारों जैसे थे। समता संघ का ध्येय था मनुष्य की बराबरी का प्रचार करना और समाज में एकता की भावना उत्पन्न करना।

अन्ना का विश्वास था कि सब सामाजिक बुराइयों का मूल कारण समाज में असमानता का होना है। जब तक सब लोग अपने मन में दूसरों के लिये समानता की भावना उत्पन्न नहीं करते तब तक समाज में प्रगति नहीं हो सकती।

समता संघ के सदस्यों ने पूरे महाराष्ट्र में समानता की भावना का प्रचार करने की प्रतिज्ञा ली।

उन्हें बहुत सम्मान मिले। बनारस हिन्दू विश्वविद्यालय ने उन्हें सन् 1942 में डॉक्टरेट ऑफ लिटरेचर की उपाधि से सम्मानित किया। अन्य विश्वविद्यालयों और सामाजिक संगठनों ने भी उनका सम्मान किया। सन् 1955 में उन्हें 'पद्म विभूषण' की उपाधि से भी सम्मानित किया गया।

उनकी 91वीं वर्षगांठ पर डॉ॰ राजेन्द्र प्रसाद ने महाराष्ट्र के लोगों की ओर से उनके सामाजिक कार्यों के लिये एक लाख रुपये उपहार स्वरूप भेंट किये। अन्ना ने उन रुपयों को आश्रम की महिलाओं के विभिन्न संगठनों में बांट दिया।

सन् 1950 में उनकी पत्नी आनन्दीबाई जिन्हें प्यार से लोग 'बाया कर्वे' कहते थे का स्वर्गवास हो गया और 57 वर्षों का साथ छूट गया। लेकिन इस 'कर्मयोगी' ने अपना कार्य जारी रखा। उन्होंने अपनी पत्नी की स्मृति में बच्चों के लिये आनन्दीबाई कर्वे प्राथमिक शाला की स्थापना की। उन्होंने अपने आश्रम के शिक्षण संस्थानों का मार्गदर्शन किया और उन्हें दिशा दिखाई। यह संस्थायें आश्रम के अंतर्गत 'हिंगने स्त्री शिक्षण संस्था' के नाम से जानी जाती हैं।

भारत रत्न

सन् 1958 में उनकी 100वीं वर्षगांठ पर उन्हें 'भारत रत्न' की उपाधि से सम्मानित किया गया। उनकी 100वीं वर्षगांठ का उत्सव सम्पूर्ण देश में मनाया गया।

जवाहरलाल नेहरू ने बम्बई में हुए मुख्य समारोह में भाग लिया। "मैं उन्हें कैसे बधाई दे सकता हूं? उनके हिमालय जैसे ऊंचे व्यक्तित्व के सामने मैं क्या हूं? मैं उनका आशीर्वाद लेने आया हूं। हम अपना सौभाग्य समझेंगे यदि हम उनके महान गुणों, विशेषताओं, उनकी समर्पण की भावना और सादगी का थोड़ा-सा भी हिस्सा अपने में आत्मसात कर सकें", नेहरू ने कहा।

अन्ना ने सदैव की भांति नम्रतापूर्वक अपनी उपलब्धियों का श्रेय अपने सहकर्मियों को दिया। उन्होंने कहा, "मैं अपने सहकर्मियों और पत्नी के सहयोग, उनकी कड़ी मेहनत और कार्य के प्रति समर्पण की भावना के कारण ही सफल हो सका हूं।"

अन्ना अपनी शारीरिक कमजोरी के बावजूद भी अपने अन्त समय तक सजग रहे। उनका निधन 9 नवम्बर 1962 में हुआ।

धोंडो केशव कर्वे उर्फ अन्ना कर्वे आज हमारे बीच नहीं हैं परन्तु वह आज भी उन शिक्षण संस्थाओं के द्वारा जीवित हैं जिनके निर्माण और विकास में उनका हाथ था। वह जीवित हैं अंपने समर्पित अनुयायियों के द्वारा जो निस्स्वार्थ कार्य की परम्परा को आगे बढ़ा रहे हैं। वह जीवित हैं उन लाखों भारतीय प्रशिक्षित महिलाओं में जिनके जीवन के मार्गदर्शक का कार्य उन्होंने किया।

''महर्षि कर्वे का जीवन वृत्तान्त और उनके कार्य जितने महान थे, उनसे महानतर वह स्वयं थे। संक्षेप में उस महानता का पर्याय है सादगी। उनके जीवन चरित तथा उनके द्वारा सम्पादित कामों में उनके मित्रों, सहकर्मियों और प्रशंसकों ने बहुविध अनुपम गुण देखे। उनमें से एक ने उनके जीवन का साफल्य-सूत्र उस ब्राह्मण की अर्जुनोपम दृष्टि में पाया 'जो केवल स्वप्निल कल्पना की दीप्ति से ही प्रभावान् नहीं थी, बल्कि एक महामानव की उदार कल्पना को क्रिया में परिणत करके अपनी मानवता की सेवामयी योजना के संकल्प को साकार बनाने को अग्रसर हुई थी... ।''

जी.एल. चन्दावरकर

(जीवनी-लेखक)

विश्वेश्वरैया

आर. के. मूर्ति

अनुवादः सुमन जैन

"भारतीय मस्तिष्क की आधुनिक प्रगति के सिद्धांतों का परिचय देने, उसमें जिज्ञासा तथा उद्यम की सार्वभौम प्रेरणा जाग्रत करने और गहन चिंतन और कर्म को पुष्ट करने की आवश्यकता है। नये प्रकार की उद्देश्यपूर्ण, आत्मसम्मान से युक्त और प्रगतिशील भारतीय नागरिकता का विकास तथा आत्मनिर्भर राष्ट्रवाद का निर्माण किया जाना चाहिए।"

एम. विश्वेश्वरैया, 'भारत का पुर्ननिमार्ण'
(रिकंस्ट्रक्टिंग इण्डिया)

विश्वेश्वरैया

आकाश में अंधेरा छाया हुआ था। बादल आकाश में मंडराते हुए एक-दूसरे से टकरा जाते तो बिजली चमक उठती और गर्जन होता। फिर मूसलाधार वर्षा होने लगी। कुछ ही देर में गड्ढे और नालियां पानी से भर गईं।

छः वर्षीय विश्वेश्वरैया अपने घर के बरामदे में खड़ा इस दृश्य को निहार रहा था। गली में पंक्ति में खड़े पेड़ बारिश में धुल जाने के कारण साफ व सुन्दर दिखाई दे रहे थे। पत्तियों और टहनियों से पानी की बूंदें टप-टप गिर रही थीं। नाजुक पौधे और लताओं से गिरती पानी की बूंदों के भार से वे थोड़े झुक गये थे। थोड़ी ही दूरी पर हरे-भरे धान के खेत लहलहा रहे थे।

जहां विश्वेश्वरैया खड़ा था, वहीं निकट की नाली का पानी उमड़-घुमड़ रहा था। उसमें भंवर भी उठ रहे थे। उसने एक जलप्रपात का रूप धारण कर लिया था। वह एक बहुत ही बड़े पत्थर को अपने साथ बहा कर ले जा रहा था जिससे उसकी शक्ति का प्रदर्शन होता था। विश्वेश्वरैया ने हवा और सूर्य की शक्ति को भी देखा था। सामूहिक रूप से, वे प्रकृति की असीम शक्ति की ओर संकेत कर रहे थे। "प्रकृति शक्ति है। मुझे प्रकृति के बारे में सब कुछ जानना चाहिए।" वह छोटा-सा लड़का बुदबुदाया।

फिर उसने थोड़ी दूरी पर, निर्भीकता से मूसलाधार वर्षा में खड़ी एक आकृति को ताड़पत्र की छतरी हाथ में लिए देखा। वह उसे तुरन्त पहचान गया। उसके कपड़े फटे हुए थे। वह कमजोर और भूखी लग रही थी। वह एक झोंपड़ी में रहती थी। उसके बच्चे कभी स्कूल नहीं जाते। वह गरीब थी। विश्वेश्वरैया ने सोचा 'वह इतनी गरीब क्यों है?'

उन्होंने बड़ी गम्भीरता से प्रकृति के बारे में और गरीबी का कारण जानने का प्रयास किया।

वह परिवार के बड़ों से इन बातों का उत्तर जानना चाहते थे। वह अपने अध्यापकों से भी जिरह करते। वह उनसे प्रकृति के बारे में पूछते—ऊर्जा के कौन से प्रचलित स्रोत हैं? कैसे इस ऊर्जा को पकड़ कर इस्तेमाल में लाया जा सकता है?

वह यह भी पूछते कि आखिर इतने लोग गरीब क्यों हैं? नौकरानी फटी साड़ी क्यों पहनती है? वह झोंपड़ी में क्यों रहती है? क्या उसे अपने बच्चों को स्कूल नहीं भेजना चाहिए?

धीरे-धीरे इस लड़के को प्रकृति और जीवन के बारे में अन्तर्दृष्टि प्राप्त होने लगी और वह इस पर निर्भर करने लगे। उन्हें महसूस हुआ कि ज्ञान असीमित है। उन्हें बिना रुके, सीखते रहना होगा। तभी उन्हें उन प्रश्नों के उत्तर मिल सकते हैं जो उन्होंने उठाये थे। उन्होंने निश्चय किया कि वह जीवनपर्यन्त तक छात्र बने रहेंगे क्योंकि बहुत कुछ सीखना बाकी है। यह एक चुनौती थी। उन्होंने उसे स्वीकार किया। इस संकल्प में उनकी महानता की कुंजी थी।

मोक्षगुंडम विश्वेश्वरैया का जन्म मैसूर (जो अब कर्नाटक में है) के मुददेनाहल्ली नामक स्थान पर 15 सितम्बर 1861 को हुआ था। उनके पिता वैद्य थे। वर्षों पहले उनके पूर्वज आन्ध्र प्रदेश के मोक्षगुंडम से यहां आये और मैसूर में बस गये थे।

दो वर्ष की आयु से ही उनका परिचय रामायण, महाभारत और पंचतन्त्र की कहानियों से हो गया था। ये कहानियां हर रात घर की वृद्ध महिलायें उन्हें सुनाती थीं। कहानियां शिक्षाप्रद व मनोरंजक थीं। इन कहानियों से विश्वेश्वरैया ने ईमानदारी, दया और अनुशासन जैसे मूल मानवीय मूल्यों को आत्मसात किया।

विश्वेश्वरैया चिक्बल्लापुर के मिडिल व हाईस्कूल में पढ़े। जब उन्हें 'गाड सेव द किंग' (ईश्वर राजा को सुरक्षित रखे) वाला गीत गाने को कहा गया तो उन्हें पता चला कि भारत एक ब्रिटिश उपनिवेश है। अपने मामलों में भी भारतीयों को कुछ कहने का अधिकार न था। भारत की अधिकांश सम्पत्ति विदेशियों ने हड़प ली थी।

क्या उनके घर में काम करने वाली नौकरानी विदेशी शासन के कारण गरीब है?

यह प्रश्न विश्वेश्वरैया के मस्तिष्क में उमड़ता-घुमड़ता रहा। राष्ट्रीयता की चिंगारी जल उठी थी और उनके जीवन में यह अन्त समय तक जलती रही।

सूझबूझ

विश्वेश्वरैया जब केवल चौदह वर्ष के थे तभी उनके पिता की मृत्यु हो गई। क्या वह अपनी पढ़ाई जारी रखें?

इस प्रश्न पर तब विचार-विमर्श हुआ जब उन्होंने अपनी मां से कहा, ''अम्मा, क्या मैं बंगलौर जा सकता हूं? मैं वहां मामा रामैया के यहां रह सकता हूं। वहां मैं कॉलेज में प्रवेश ले लूंगा।''

''पर बेटा... तुम्हारे मामा अमीर नहीं है। तुम उन पर बोझ क्यों बनना चाहते हो?'' उनकी मां ने तर्क किया।

''अम्मा... मैं अपनी जरूरतों के लिए स्वयं कमाऊंगा। मैं बच्चों को ट्यूशन पढ़ा दूंगा। अपनी फीस देने और पुस्तकें खरीदने के लिए मैं काफी धन कमा लूंगा। मेरे ख्याल से मेरे पास कुछ पैसे बच भी जायेंगे, जिन्हें मैं मामा को दे दूंगा,'' विश्वेश्वरैया ने समझाया।

अभिज्ञ

उनके पास हर प्रश्न का उत्तर था—समाधान ढूंढ़ने की क्षमता उनके पूरे जीवन में लगातार विकसित होती रही और इस कारण वह एक व्यावहारिक व्यक्ति बन गये। यह उनके जीवन का सार था और उनका संदेश था पहले जानो, फिर करो।

''जाओ, मेरे पुत्र...भगवान तुम्हारे साथ है।'' उनकी मां ने कहा।

उनके मामा ने बहुत गरमजोशी से उनका स्वागत किया। विश्वेश्वरैया ने उन्हें अपनी योजना बताई। मामा ने प्यार से उन्हें थपथपाते हुए कहा, ''तुम बहुत होशियार हो। तुम्हें अच्छी से अच्छी शिक्षा मिलनी चाहिए।''

सन् 1875 में विश्वेश्वरैया ने सेन्ट्रल कॉलेज में प्रवेश लिया।

उनके मामा उन्हें मैसूर राज्य सरकार के एक उच्च अधिकारी मुडइया के पास ले गये। मुडइया के दो छोटे बच्चे थे। बच्चों को पढ़ाने के लिए विश्वेश्वरैया को रख लिया गया। उन्होंने अपने संरक्षक का धन्यवाद किया। उन्होंने तुरन्त

ही कार्य आरंभ कर दिया। प्रतिदिन वह अपने मामा के घर से अपने कॉलेज और मुडइया के घर आने-जाने के लिए पन्द्रह किलोमिटर से ज्यादा चलते।

बाद में, जब उनसे उनके अच्छे स्वास्थ्य का रहस्य पूछा गया तो उन्होंने कहा, "मैंने चलकर अच्छा स्वास्थ्य पाया है।"

अपने काम में उन्होंने अपनी समस्त मुश्किलों का मरहम पाया। ईमानदारी और निष्ठा से उन्होंने अपने कार्य को आभा प्रदान की। इससे सेन्ट्रल कॉलेज के प्रिंसिपल चार्ल्स वाटर्स का ध्यान उनकी ओर आकर्षित हुआ। जब विश्वेश्वरैया ने जटिल गणितीय समस्याओं का सरल समाधान कर दिया तो प्रिंसिपल ने उनसे कक्षा के अन्य छात्रों को यह समाधान सिखाने को कहा। इससे विश्वेश्वरैया का आत्मविश्वास बढ़ा।

उपहार

अपने प्रिय छात्र पर कॉलेज के दौरान और कॉलेज छोड़ने पर भी वाटर्स कड़ी नजर रखते रहे। वह इंग्लैंड लौट गये पर अपने भूतपूर्व छात्र में गहरी दिलचस्पी लेते रहे। अपनी वसीयत में वह उपहार के रूप में विश्वेश्वरैया के लिए अपना कफ-लिंक छोड़ गये। श्रीमती वाटर्स इंग्लैंड से उन्हें यह उपहार देने के लिए स्वयं आईं। उस समय विश्वेश्वरैया बम्बई के लोक निर्माण विभाग में इंजीनियर के पद पर कार्यरत थे।

डिग्री परीक्षा में सन् 1880 में विशिष्टता के साथ सफल होने के पश्चात् विश्वेश्वरैया ने पुणे के साइंस कॉलेज में प्रवेश लिया। मैसूर राज्य सरकार से छात्रवृत्ति पाने के कारण ही वह ऐसा कर पाये थे। सन् 1883 में सिविल इंजीनियरिंग के समस्त छात्रों में वह प्रथम आये। तुरन्त ही उन्हें बम्बई के लोक निर्माण विभाग में सहायक इंजीनियर की नौकरी मिल गई।

कार्य के दौरान

सन् 1884 में विश्वेश्वरैया ने अपना सरकारी जीवन शुरू किया।

यह वह समय था जब राष्ट्रीयता की भावना बहुत से प्रतिष्ठित व्यक्तियों का ध्यान अपनी ओर खींच रही थी। महादेव गोविन्द रानाडे, गोपाल कृष्ण गोखले और बाल गंगाधर तिलक राष्ट्रीयता की भावना को फैलाने में अग्रणी

थे। वे सरकारी पदों पर भारतीयों को ज्यादा स्थान् दिलाने के लिए दवाब डाल रहे थे। वे जोश से भारतीय स्वतन्त्रता की बात करते। विश्वेश्वरैया अपना कार्य करते रहे लेकिन उनकी सहानुभूति स्वतन्त्रता के कार्य के साथ थी। उन्हें लगा कि अनेक कार्य जो उन्हें सौंपे गये हैं वे लोगों का जीवन स्तर सुधारने के लिए आवश्यक हैं।

उनके रास्ते में अनेक मुश्किलें और चुनौतियां आईं।

विश्वेश्वरैया को सन् 1894-95 में सिन्ध (जो अब पाकिस्तान में है) के सक्खंर क्षेत्र में पीने के पानी की वितरण परियोजना का कार्य पूरा करने का काम सौंपा गया। उन्होंने इस कार्य को स्वीकार कर लिया। वह नगर में पहुंचे और जब उन्होंने सिन्धु नदी का सर्वेक्षण और परीक्षण किया तो उन्हें गहरा आघात लगा। पानी गंदला व मिट्टी से भरा हुआ था, जो मनुष्य के इस्तेमाल के लिए पूर्णतया बेकार था। पानी को कैसे स्वच्छ किया जाये इसके लिए उन्होंने तकनीकी पत्रों, व्यावसायिक पत्रिकाओं और रसायन की किताबों को पढ़ा। इस समस्या पर चिन्तन करते हुए उन्होंने कई रातें जागते हुए बिताईं।

फिर समाधान निकल आया। उन्होंने पहले क्यों नहीं इस विकल्प के बारे में सोचा। वह प्रकृति की असीमित प्रक्रिया को समझ गये थे। वह पानी को छानने के लिए नदी की रेत का इस्तेमाल कर सकते हैं। उन्होंने परियोजना की रूपरेखा बनाई, डिजाइन को तैयार किया और कितनी कीमत लगेगी इसका अनुमान लगाया।

अपने साथ काम करने वालों को उन्होंने योजना के लाभ बताये, उनसे उनके विचार पूछे और यह पता लगा कि वे पूर्णतया उनसे सहमत हैं। नदी के तल में एक गहरा कुंआ बनाया जाये। कुंए तक पहुंचने से पहले पानी रेत की अनगिनत परतों में से गुजरेगा। जैसे ही पानी इस प्रक्रिया से रिसेगा, वह स्वच्छ हो जायेगा। रेत की असंख्य परतों से छन कर निकला हुआ पानी मनुष्य के इस्तेमाल के योग्य होगा।

अदन (दक्षिणी यमन) जो उस समय ब्रिटिश उपनिवेश था, के लिए पानी वितरण के लिए भी उन्होंने इसी सिद्धांत को लागू किया। इस प्रकार जो कीमत थी वह कम हो गई।

इस नवीन कार्य के लिए सरकार ने विश्वेश्वरैया को केसर-ए-हिन्द की उपाधि से सम्मानित किया।

पानी की व्यवस्था करने में वैज्ञानिक तरीकों का आविष्कार करके विश्वेश्वरैया

ने अपनी मौलिकता और प्रवीणता का परिचय दिया। उसमें स्वचालित जलद्वार और सिंचाई की खण्ड पद्धति भी शामिल है। बाढ़ के पानी को नियन्त्रित करने के लिए उन्होंने खड़कवासला बांध पर जलद्वारों का प्रयोग किया। उन्होंने उस झील के पानी स्तर को बढ़ाया जिसके द्वारा पुणे शहर को पानी मिलता था। वह अपने 'मेमॉयर्स ऑफ माई वर्किंग लाइफ' (मेरे कामकाजी जीवन के संस्मरण 1951) में लिखते हैं कि "अतिरिक्त वीयर की चोटी के ऊपर छः से लेकर आठ फीट की ऊंचाई तक हर साल जलाशय से पानी निकल जाता था। झील के पानी के स्तर को स्थाई रूप से संचय करने के लिए मैंने स्वचालित जलद्वार की पद्धति की रूपरेखा बनाई, मूल अतिरेक वीयर से करीब आठ फुट ऊंची। इससे बांध को बिना बढ़ाये जलाशय में पच्चीस प्रतिशत संचय क्षमता बढ़ गई। जलद्वार झील में तब तक पानी को रोके रखता है जब तक कि वह पिछली बाढ़ की पूरी ऊंचाई तक नहीं बढ़ जाता है लेकिन जब भी पानी स्तर से ऊंचा उठता है, जलद्वार स्वतः खुल जाते हैं और अतिरिक्त पानी को निकलने देते हैं। फिर से झील में पानी का स्तर जब अतिरिक्त वीयर के ऊपर आठ फुट गिरता है तो जलद्वार स्वतः बंद हो जाते हैं और पानी का नुकसान होने से रोक देते हैं।"

विश्वेश्वरैया ने सिंचाई में सहायता करने के लिए नहरें और बांध बनाये। उनकी पद्धति द्वारा सिंचाई के सीमित पानी के साधनों का पूर्ण उपयोग हो सका।

वे परियोजनाएं, जिनकी उन्होंने कल्पना की और निर्माण कराया, उनसे गरीब किसानों को राहत मिली। उनसे देहात में आर्थिक सुधार हुआ।

आर्थिक उत्थान के द्वारा, विश्वेश्वरैया ने महसूस किया कि इससे राष्ट्र को शक्ति मिलेगी। और शक्ति प्राप्त करके अपने देश को ब्रिटिश शासन से मुक्त कराने के लिए लोग बेहतर स्थिति में होंगे।

विरोध

अभिनव क्षमता और कठिन परिश्रम ने मिलकर उन्हें जल्दी ही तरक्कियां दिला दीं। अन्ततः वह चीफ इंजीनियर के पद के निकट तक पहुंच गये। चीफ इंजीनियर का पद ब्रिटिशवासियों के लिए आरक्षित था। यह पक्षपात था। जाति व रंग का भेदभाव किये बिना पद सबके लिए खुला होना चाहिए। योग्य व्यक्ति को स्थान मिलना चाहिए। यद्यपि, विश्वेश्वरैया को आभास हो गया था कि शासन इस आरक्षण को खतम नहीं करेगा। इसलिए उन्होंने सन् 1908 में

त्यागपत्र देने का फैसला किया। सरकार ने उन्हें रोकने की कोशिश की। पर वह अपने निश्चय पर अटल रहे। वर्षों तक वह विभिन्न पदों पर काम करते रहे थे। हालांकि उन्हें नौकरी करते हुए अभी पूरे पच्चीस वर्ष नहीं हुए थे जिसके बाद पेंशन मिलती है, तब भी सरकार ने उन्हें पेंशन देने का निश्चय किया। विश्वेश्वरैया द्वारा किये कार्यों की प्रशंसा में सरकार द्वारा दिया गया यह एक प्रतीक था।

चीफ इंजीनियर के पद पर

बम्बई प्रेसीडेन्सी की नौकरी विश्वेश्वरैया ने छोड़ी ही थी कि उन्हें अपने राज्यों में विकास गतिविधियों को देखने के लिए हैदराबाद के निजाम और मैसूर महाराजा के प्रस्ताव मिले। नवम्बर सन् 1909 में उन्होंने अपने जन्मस्थान, मैसूर में चीफ इंजीनियर बनना पसन्द किया।

तब भी हैदराबाद को बार-बार आने वाली बाढ़ से बचाने के लिए उन्होंने योजनाएं बनाईं।

मैसूर राज्य में चीफ इंजीनियर की नौकरी उन्हें बहुत पसन्द थी। क्योंकि यहां उन्हें उन परियोजनाओं पर काम करने की पूर्ण स्वतन्त्रता थी जिससे जनता के गरीब वर्ग को लाभ मिलता था। उन्होंने जल-वितरण, सड़कों, संचार व सिंचाई के लिए योजनाएं बनाईं। प्रत्येक योजना की प्रगति पर कड़ी निगरानी रखी गई। समय की पाबन्दी को पूर्णतया बनाये रखा गया। कीमत पर भी नियमित जांच चलती रही। विश्वेश्वरैया कार्य स्थल पर जाते, लोगों से मिलते, उनकी प्रतिक्रिया सुनते, और जब लोग उनका धन्यवाद करते तो उन्हें बहुत खुशी होती। लोगों के चेहरों पर छाई खुशी ही उनका पुरस्कार था जिसे उन्होंने सबसे ज्यादा संजोकर रखा।

उनके इंजिनियरिग के असाधारण कार्यों में मैसूर शहर में कन्नमबाडी या कृष्णराज सागर बांध बनाना एक महत्वपूर्ण कार्य था। उसकी योजना सन् 1909 में बनाई गई थी और सन् 1932 में यह पूरा हुआ।

बम्बई प्रेसीडेन्सी में कई जलाशय बनाने के बाद, सिंचाई व विद्युत शक्ति के लिए उन्होंने कावेरी नदी को काम में लाने के लिए योजना बनाई। विशेषकर कोलार स्वर्ण खदानों के लिए दोनों ही महत्वपूर्ण थे।

बांध 124 फुट ऊंचा था जिसमें 48,000 मिलियन घन फुट पानी का संचय

किया जा सकता था। जिसका उपयोग 150,000 एकड़ भूमि की सिंचाई और 60,000 किलो वाटस ऊर्जा उत्पन्न करने के लिए होना था।

तब तक कृष्णराज सागर बांध भारत में बना सबसे बड़ा जलाशय था। इस बहुउद्देशीय परियोजना के कारण अनेक उद्योग विकसित हुए जिसमें भारत की विशालतम चीनी मिल, मैसूर चीनी मिल भी शामिल है। अपनी दूरदृष्टि के कारण, विश्वेश्वरैया ने परिस्थिति विज्ञान के पहलू पर भी पूरा ध्यान दिया। मैसूर शहर में आने वाला प्रत्येक यात्री कृष्णराज सागर बांध और उसके पास ही स्थित प्रसिद्ध वृन्दावन गार्डन देखना एक आवश्यक कार्य मानता है। वहां फव्वारों का जल प्रताप, मर्मर-पक्षी और आकर्षक फूलों की बहुतायत देखते ही बनती है। विश्वेश्वरैया का एक स्वप्न पूरा हो गया था।

विश्वेश्वरैया ने निष्ठा की भावना से कार्य किया। इसके अतिरिक्त, भारतीय राष्ट्रीयता के विचार पर अड़े रहने के किसी भी मौके को उन्होंने नहीं गंवाया। उन्हें अपने भारतीय होने पर गर्व था। वह मानते थे कि अगर अवसर दिया जाये तो भारतीय ब्रिटिशवासियों का मुकाबला कर सकते हैं।

यह भारतीय राष्ट्रीयता का ही प्रभाव था जिसने उन्हें दरबार में आने का मैसूर के महाराजा का निमन्त्रण ठुकराने को प्रेरित किया। सरकारी रूप से यह माना जाता था कि महाराजा के निमन्त्रण को आदेश माना जाये। फिर भी विश्वेश्वरैया ने निमन्त्रण को ठुकरा दिया। यह विरोध था दरबार में बैठने की व्यवस्था में भेदभाव के विरूद्ध। अंग्रेजों को कुर्सियों पर बैठाया जाता था। भारतीयों से आशा की जाती थी कि वे जमीन पर सिमट कर बैठें।

विश्वेश्वरैया से दरबार में न आने का कारण पूछा गया। उन्होंने भेदभाव का जिक्र करते हुए जवाब लिखा। उनका तर्क महाराजा को सही नजर आया। उन्होंने आदेश दिया कि प्रत्येक निमन्त्रित व्यक्ति को कुर्सी पर बिठाया जाये। विश्वेश्वरैया के लिए ये क्षण गर्वपूर्ण थे। अपनी दृढ़ता के द्वारा, उन्होंने राष्ट्रीय गर्व को बढ़ावा दिया था।

दीवान

चीफ इंजीनियर बनने के तीन साल बाद नवम्बर सन् 1912 में मैसूर के महाराजा ने विश्वेश्वरैया को वहां का दीवान (प्रधानमंत्री) बना दिया। आखिरकार, अब उन्हें योजना बनाने, विकास को बढ़ाने व प्रोत्साहित करने का अधिकार

प्राप्त हो गया था। मुख्यतया शिक्षा, उद्योग, वाणिज्य और लोक निर्माण में और लोगों को इस बात के लिए प्रोत्साहित करने के लिए कि वे ठीक ढंग से काम करें, खूब कमायें व अच्छे ढंग से रहें।

पद संभालने से पहले, उन्होंने अपने रिश्तेदारों व घनिष्ठ मित्रों को रात्रि-भोज पर बुलाया। वह भव्य समारोह था। मेजबान ने अतिथियों का स्वागत किया, उन्हें अच्छे से खिलाया। उनकी बधाइयां व शुभकामनाएं स्वीकार कीं। फिर उन्होंने उन सबको पास बिठाकर कहा कि वह तभी इस नौकरी को स्वीकार करेंगे अगर वे उनकी शर्तों को मान लेंगे। मेहमानों ने एक-दूसरे की ओर देखा। वे जानते थे कि उनके मेजबान की टिप्पणी में कुछ सार है। विश्वेश्वरैया के शब्दों को समझने के लिए वे तैयार होने लगे। उन्होंने कहा कि उनमें से कोई भी उनसे किसी भी किस्म के पक्षपात की अपेक्षा नहीं करेगा। न ही वे कोई सरकारी संरक्षण मांगेगे। कुछ मेहमानों के मुंह लटक गये। फिर भी, विश्वेश्वरैया ने अपनी बात स्पष्ट कर दी थी। किसी भी संदेह की कोई गुंजाइश नहीं थी।

दीवान के पद पर रहते हुए उन्होंने प्रजातन्त्र को बढ़ावा दिया।

वैधानिक मंच के विचार-विमर्श का क्षेत्र अधिक विस्तृत हो गया। विचार-विमर्श द्वारा अधिक से अधिक सरकारी निर्णय लिये गये।

दीवान ने निचले तल से ही प्रजातन्त्र को प्रोत्साहित किया। ग्राम समितियों को ज्यादा अधिकार सौंपे गये। इसलिए उन्होंने ऐसे मंच बनाये जो आम जनता के विचारों का प्रतिनिधित्व करते थे।

प्रेस की स्वतन्त्रता

प्रेस को पूर्ण स्वतन्त्रता प्रदान की गई। दीवान पत्रकारों का साथ तब तक देते जब तक वे बिना किसी पक्षपात के घटनाओं को लिखते और उनकी आलोचना सकारात्मक होती। इससे परिवर्तन आया। आम निर्णयों की चर्चा करने में संपादक अधिक निर्भीक हो गये। पत्रकारों की जोश की भावना व निश्चयपूर्ण कथनी को विश्वेश्वरैया पूर्ण दिलचस्पी से सुनते। उन्हें लगा कि प्रेस उनकी आशाओं को पूरा कर रहा है।

प्रेस के प्रति विश्वेश्वरैया का विश्वास अटल था। इसलिए वे संपादकों की उदारता से सहायता करते। उन्होंने उन्हें बचाया भी, इसका प्रमाण कर्नाटक साप्ताहिक के संपादक डी.वी. गुन्डप्पा के मामले में मिलता है। उन्होंने सन्

1917 की रूस की क्रान्ति के बारे में एक रिपोर्ट भी संपादकीय में लिखी थी कि तानाशाही अराजकता है। इससे ब्रिटिश रेजिडेंट को क्रोध आ गया। उसने कहा कि संपादक ने न केवल महाराजा का बल्कि ब्रिटिश शासन का भी अपमान किया है। उन्होंने सुझाव दिया कि विश्वेश्वरैया को संपादक के विरुद्ध ठोस कदम उठाना चाहिए।

दीवान ने गुन्डप्पा से पूछताछ की और उन्हें यह पता लगा कि संपादकीय टिप्पणी राजतन्त्र के विरुद्ध नहीं है। बल्कि तानाशाही के विरुद्ध है। विश्वेश्वरैया ने उनकी सफाई मान ली और आगे की कार्यवाही रोक दी। उन्होंने ब्रिटिश रेजिडेंट की इस सिफारिश को भी ठुकरा दिया कि बम्बई क्रोनिकल जैसे अखबारों पर राज्य में आने पर रोक लगा दी जाये, जिसके संपादक थे, बी.जी. हौरनीमन, जो ब्रिटिश होने पर भी भारतीय राष्ट्रीय आन्दोलन के निष्ठावान समर्थक थे। इस तरह से ब्रिटिश रेजिडेंट के दवाब का सामना करने में विश्वेश्वरैया ने अदम्य साहस दिखाया।

प्रगति

वैज्ञानिक ढंग से किये गये औद्योगिकरण द्वारा आधुनिकीकरण ही दीवान का मुख्य लक्ष्य बन गया। उन्होंने तकनीकी संस्थायें खोलीं, उच्च शिक्षा के केन्द्रों में वृद्धि की। उनका विचार था कि शिक्षा के द्वारा ही बाल विवाह, दहेज, अशिक्षा और जाति-भेद की धारणाओं जैसी सामाजिक बुराइयों से लड़ा जा सकता है। उनके विचार में "हमारी कमजोरियों का कारण जाति प्रथा है और यही बुराई स्थाई रूप से अधिकांश जनता के पतन का कारण भी है।" शिक्षा के द्वारा, वे उनके ज्ञान को बढ़ाकर, उन्हें नौकरी के योग्य बनाना चाहते थे। वह नौकरी में भर्ती करने के लिए जरूरी शिक्षा के न्यूनतम स्तर को कम नहीं करना चाहते थे।

विश्वेश्वरैया आरक्षण के विरुद्ध थे। इस मामले में उनमें और महाराजा में मतभेद हो गया। विश्वेश्वरैया ने जोर दिया कि वह सरकारी पदों की गुणवत्ता को कम नहीं करेंगे। यह आलस्य व अकार्यकुशलता को जन्म देता है। जब उन्होंने यह देखा कि महाराजा निम्न व पिछड़े वर्ग के लोगों की भलाई के लिए नियमों में ढील देने के लिए दृढ़ संकल्प हैं तो उन्होंने सन् 1919 में त्यागपत्र दे दिया।

नौकरी छोड़ने के बाद, विश्वेश्वरैया सरकारी कार का प्रयोग न करके अपनी

कार में घर लौट आये। यह प्रमाणित करता है कि वह सरकारी सुविधाओं का इस्तेमाल करने में कितनी सतर्कता बरतते थे। जब वह व्यक्तिगत काम से जाते थे तब सरकारी वाहन का इस्तेमाल कभी नहीं करते थे। और जब वह व्यक्तिगत पत्र लिखते, तो अपने कागज व डाक सामग्री का प्रयोग करते।

चीफ इंजीनियर और दीवान के पद पर कार्य करते हुए विश्वेश्वरैया ने मैसूर राज्य को जिन संस्थाओं व योजनाओं का उपहार दिया वे हैं: मैसूर बैंक (1913), मलनाद सुधार योजना (1914), इंजीनियरिंग कॉलेज, बंगलौर (1916), मैसूर विश्वविद्यालय और ऊर्जा बनाने के लिए पावर स्टेशन (1918)।

जब उन्होंने नौकरी छोड़ी तब उनकी आयु 58 वर्ष से अधिक थी। कोई और व्यक्ति होता तो लम्बी व सार्थक नौकरी के बाद अपने अवकाश का आनन्द उठाता। पर विश्वेश्वरैया ने ऐसा नहीं किया। उन्होंने 'भारत का पुनर्निर्माण' (1920), 'भारत के लिए नियोजित अर्थ व्यवस्था' (1934) नामक पुस्तकें लिखीं और भारत के आर्थिक विकास का मार्गदर्शन किया।

विश्वेश्वरैया सन् 1921 में राष्ट्रवादियों में सम्मिलित हो गये और वाइसराय से विचार-विमर्श किया। स्वराज की मांग पर विचार करने के लिए उन्होंने गोलमेज सम्मेलन पर जोर दिया।

विकास योजनाओं में उत्साहपूर्वक भाग लेते हुए, वह गतिविधियों के बीच रहे। भद्रावती इस्पात योजना के पीछे उन्हीं का हाथ था। बंगलौर में हिन्दुस्तान हवाई जहाज संयन्त्र की स्थापना में उन्होंने विशेष दिलचपी दिखाई। उन्होंने विजाग पोत-कारखाना बनाने पर जोर दिया और निर्माण के समय क़ई अच्छे सुझाव दिये।

उस समय वह करीब 92 वर्ष के थे जब पंडित नेहरू ने यह सुझाव दिया कि गंगा पर पुल बनाने के लिए वह विभिन्न राज्य सरकारों के प्रस्तावों की जांच करें। उन्हें बिहार में मोकामेह, राजमहल, सकरीगली घाट, और पश्चिमी बंगाल में फरक्का में से दो स्थलों को चुनना था। नेहरू ने यह कह कर उन्हें चुना कि "वह ईमानदार, चरित्रवान व उदार राष्ट्रीय दृष्टिकोण रखने वाले इंजीनियर हैं जो पक्षपातरहित निर्णय ले सकते हैं। स्थानीय दवाबों से ऊपर उठ कर कार्य कर सकते हैं और उनके विचारों का सब सम्मान करते हैं एवं वे सब उनको स्वीकार करते हैं।"

विश्वेश्वरैया उन स्थलों पर गये। उन्होंने सह-पायलट की सीट पर, कॉकपिट में बैठ कर, नदी और नदी के तटों का बारीकी से जांच करने के लिए हवाई

सर्वेक्षण किया ताकि पुल बनाने के लिए सही स्थल को चुना जा सके। इस दौरे के दौरान, वह पटना में रुके। राज्यपाल एम.एस. आणे ने उन्हें राजभवन में रहने का निमन्त्रण दिया। विश्वेश्वरैया ने इस निमन्त्रण को यह कहते हुए अस्वीकार किया कि यह उनके लिए अनुचित होगा कि वह राज्यपाल की मेहमाननवाजी का आनन्द उठायें, जबकि समिति के अन्य सदस्य होटलों में रहेंगे। वह उन लोगों के साथ रहना पसन्द करेंगे। राज्यपाल ने तब समिति के सारे सदस्यों को आमन्त्रित किया। बाद में एम.एस. आणे ने कहा, "सुविधा से पहले कर्त्तव्य विश्वेश्वरैया का आदर्श है।"

अन्ततः विश्वेश्वरैया ने पुल बनाने के लिए मोकामेह और फरक्का नामक स्थानों का सुझाव दिया।

'भारत रत्न'

अपनी शताब्दी पूरी करने के बाद भी यह महान व्यक्ति पूरी तरह स्वस्थ था। वह सुबह-शाम सैर पर जाते। वह सदा समय के पाबन्द रहे और उनमें जीने का उत्साह सदा बना रहा। वह अपने विचारों में पूर्णरूप से स्वतन्त्र थे।

जब उन्हें सन् 1955 में भारत रत्न प्रदान किया गया तो उन्होंने पंडित नेहरू को लिखा, "अगर आप यह सोचते हैं कि इस उपाधि से विभूषित करने से मैं आपकी सरकार की प्रशंसा करूंगा, तो आपको निराशा ही होगी। मैं सत्य की तह तक पहुंचने वाला व्यक्ति हूं।" नेहरू ने उनकी बात की प्रशंसा की। उन्होंने विश्वेश्वरैया को आश्वासन दिया कि राष्ट्रीय घटनाओं व विकास पर टिप्पणी करने के लिए वह स्वतन्त्र हैं। यह सम्मान उन्हें उनके कार्यों के लिए दिया गया है। इसका मतलब उन्हें चुप करना नहीं है।

102 वर्ष की आयु में भी, वह काम करते रहे। उन्होंने कहा, "जंग लग जाने से बेहतर है काम करते रहना।" जब तक वह कार्य कर सकते थे करते रहे।

14 अप्रैल सन् 1962 को उनका स्वर्गवास हो गया। लेकिन वह अपने कार्यों द्वारा अमर हो गये।

अन्त समय तक भी उनका ज्ञान पाने का उत्साह कम नहीं हुआ था। वह एकाग्रचित्त से ज्ञान की तलाश करते रहे। जो ज्ञान उन्होंने प्राप्त किया उससे उन्हें प्रकृति और प्रकृति में निहित शक्ति व ऊर्जा को जन-कल्याण के लिए काम में लगाने में सहायता मिली।

विश्वेश्वरैया महान व्यक्ति के रूप में नहीं जन्मे थे। न ही महानता उन पर जबरदस्ती थोपी गई थी। कठिन परिश्रम, ज्ञान को प्राप्त करने के अथक प्रयास, परियोजनाओं व योजनाओं को कार्यान्वित करने के लिए प्राप्त ज्ञान का उपयोग, जिसके द्वारा जनसमुदाय की आर्थिक व सामाजिक स्थिति को सुधारने के अधिक अवसर मिले, द्वारा महानता प्राप्त की।

विश्वेश्वरैया में बहुमूर्तिदर्शी जैसा कुछ था। जितनी बार भी हम उन्हें देखते हैं उनकी महानता का एक नया उदाहरण सामने आता है। चाहे उन्होंने किसी भी दृष्टिकोण से सोचा हो, उनकी महानता का कोई मुकाबला नहीं कर सकता। उनकी गहन राष्ट्रीयता की भावना ही है जो हमारा ध्यान आज भी उनकी ओर आकर्षित करती है। दूसरी ओर हम उनके काम के प्रति दृष्टिकोण से प्रभावित हैं, और आगे देखें तो गरीबों के प्रति उनके स्थाई प्रेम को देखते हैं, और फिर और देखें तो, हम उनके अच्छे स्वास्थ्य में झांकते हैं। उनकी महानता के पहलू असीमित हैं।

''हमारे देश की राष्ट्रीयता पश्चिम की तरह आर्थिक आधार पर नहीं बल्कि धार्मिक और नियतिवादी आधार पर अवलंबित है। आज भी हम में ऐसे लोग हैं, जिनका विश्वास है कि अतीत स्वर्ण युग था, संसार पतन की ओर जा रहा है तथा पुराना जमाना कभी फिर लौट कर आ सकता है। जीवन के बारे में हिंदू विचार यह है कि यह संसार अगले लोक में जाने की तैयारी करने के लिए है और इसमें रहना तथा सुख साधन जुटाना हमारा कर्त्तव्य नहीं है। हमारी आस्था पुराने विचारों में है, यद्यपि विवशतावश या व्यक्तिगत लाभ के लिए हमने काम तथा व्यापार के पश्चिमी तौर-तरीके आंशिक तौर पर अपना लिए हैं। एक ओर प्राचीन आदर्शों की ललक है तो दूसरी ओर आधे मन से नवीनता की ओर झुकाव है। परन्तु कुल मिलाकर लोगों में आगे बढ़ने की लालसा नहीं है।

''यदि भौतिक समृद्धि प्राप्त करने में हमें दूसरे देशों का अनुसरण करना है तो निरर्थक प्रकार के कामों को तिलांजलि देनी होगी और पश्चिमी स्तर के अनुसार अपने विचार बनाने होंगे। अर्थात सभी वर्गों को शिक्षा देने, एक से अधिक काम धंधे अपनाने और संपत्ति व उत्पादन बढ़ाने की ओर ध्यान देना होगा। दूसरे सभी काम आर्थिक विचार के अनुरूप किए जाने चाहिए।''

एम. विश्वेश्वरैया

लाजपत राय

प्रतिभा नाथ

अनुवादः मनमोहिनी पुरी

"जो लोग नैतिक रूप से उच्च, उत्तरदायित्व की भावना से अवगत, आत्मत्यागी और सिद्धांतों तथा उद्देश्यों के लिए कुछ भी सहने के लिए तैयार हों, वे ही संस्थाओं का निर्माण कर सकते हैं लेकिन जो लोग नैतिक रूप से भ्रष्ट, आत्मसम्मान की भावना के प्रति निर्जीव, मैत्री, शिष्टाचार और दोस्तों व सहकर्मियों के प्रति निष्ठावान होने की भावना से रहित, हमेशा समझौता करने वाले तथा अवसरवादी, प्रत्येक विपत्ति में अपने सिद्धांतों को बदलने को तैयार रहने वाले होते हैं, वे ज्यादा समय तक संस्थायें नहीं चला सकते हैं। संस्थायें तब तक शिक्षा नहीं दे सकतीं, तब तक प्रेरणा का स्रोत नहीं बन सकतीं जब तक कि स्फूर्तिदायक व उत्साहपूर्ण व्यक्ति उनका नेतृत्व न करें।"

लाला लाजपत राय

लाजपत राय

भारत के इतिहास में लाला लाजपत राय एक जाना माना नाम है। इतिहास उनका उचित सम्मान करता है।

उनके नाम पर अनेक संस्थाओं, सड़कों और सोसाइटियों के नाम रखे गये है।

शिमला में लम्बे समय से एक ऊंचे और प्रतिष्ठित स्थान पर लाला लाजपत राय की प्रतिमा माल रोड की ओर देखती हुई खड़ी है।

हमारी संसद के परिसर में भी लाला लाजपत राय की आदमकद मूर्ति स्थापित है। राजधानी में उनके नाम पर लाजपत नगर नाम की एक कॉलोनी है जिसकी मार्किट भीड़भाड़ भरी और बहुत लोकप्रिय है। यहां एक लाजपत भवन भी है जो सांस्कृतिक गतिविधियों का एक महत्वपूर्ण स्थल है।

सभी ने लाला लाजपत राय के बारे में सुना है और शायद उनके जीवन की कहानी के बारे में भी काफी कुछ जानते हैं। हमें लाला लाजपत राय जैसे उस व्यक्ति की महत्ता को समझना है जिसे 'पंजाब केसरी' कहकर सम्मानित किया गया है।

यह कहना कि वह एक ऐसे राष्ट्रवादी थे जिनका झुकाव क्रान्तिकारियों की तरफ था, उनके प्रति अन्याय होगा। वह एक ही समय में राष्ट्रवादी, शिक्षा शास्त्री, विचारक, लेखक, सुवक्ता और भारतीय पुरातन संस्कृति और मूल्यों का पुररुत्थान करनेवाले योद्धा थे। सन् 1920 में मुहम्मद अली जिन्ना ने लाला लाजपत राय के लिए कहा था, ''वह भारत माता के महान पुत्रों में से एक हैं।''

प्रभाव

लाला लाजपत राय जन्म से ही महान नहीं थे। उनके पिता मुंशी राधाकिशन आजाद स्कूल के अध्यापक थे और माता थीं गुलाब देवी। लाजपत राय का जन्म फिरोजपुर जिले के ढोडिके नामक गांव में 28 जनवरी सन् 1865 में हुआ था।

उनके पिता का पंजाब के एक स्कूल से दूसरे स्कूल में तबादला होता रहता था। जब वह अपनी पत्नी और बच्चों को साथ ले जाने में असमर्थ होते थे तो वह उन्हें अपनी ससुराल में छोड़ देते थे। यह आश्चर्य की बात थी कि ऐसी साधारण पृष्ठभूमि में जन्म ले कर भी उन्होंने राष्ट्रीय पैमाने पर कार्य करने की बात सोची थी।

ऐसे कौन से प्रभाव थे जिन्होंने उनके व्यक्तित्व को ढाला?

लाजपत राय ने अपने पिता को अपना प्रथम गुरु स्वीकार किया है और कहा, "मुझे भारत में उनसे अच्छा अध्यापक नहीं मिला। वह पढ़ाते नहीं थे बल्कि छात्रों को स्वयं सीखने में सहायता करते थे।"

इस पृष्ठभूमि के कारण ही लाजपत राय ने बड़े होने पर शिक्षा के प्रति इतना उत्साह और दिलचस्पी दिखाई। अपने पिता से ही उन्होंने पढ़ने और सीखने का उत्साह पाया, साथ में पाया स्वतन्त्रता से अथाह प्यार और भारत के लोगों से लगाव। उनके पिता का इस्लाम धर्म की ओर झुकाव होने के कारण लाजपत राय इस्लाम के मूल सिद्धान्तों के सम्पर्क में आये। इस प्रभाव के कारण ही लाजपत राय के मन में बचपन से ही अस्पृश्यता और जातिवाद के प्रति घृणा की आधारशिला रखी गई।

सादा जीवन

लाजपत राय की माताजी अनपढ़ थीं लेकिन उन्होंने अपने उदाहरण द्वारा उन्हें शिक्षा दी। उनकी धार्मिक श्रद्धा ने लाजपत राय को, जो उनके बड़े लड़के थे, जीवन में धर्म की आवश्यकता महसूस कराई।

गुलाब देवी को जीवन और परम्परा के अच्छे मूल्यों से प्रेम था। वह जरूरत के समय दण्ड देने के लिए अपनी ममता को भी आड़े न आने देती थीं। एक बार लाजपत राय ऐसे लड़कों की संगत में पड़ गये जो जूआ खेलते थे। उनके उत्साहित करने पर लाजपत राय ने एक पैसा दांव पर लगाया और वह जीत

गये। घर आकर जब उन्होंने वह पैसा मां को दिया तो उन्होंने पुत्र को कमरे में बन्द कर दिया। उस दिन उन्होंने पुत्र को कुछ खाने को भी न दिया और न ही स्वयं कुछ खाया जब तक कि लाजपत राय ने वायदा नहीं किया कि वह फिर कभी जूआ नहीं खेलेगा।

लाजपत राय का परिवार बहुत सादे तरीके से रहता था और इस बात से उन्हें कोई असन्तोष भी नहीं था। इससे लाजपत राय में स्वेच्छा से निज आराम को नकारने का स्वभाव उत्पन्न हुआ। इसने उन्हें सादा तरीके से सन्तोषपूर्वक रहना सिखाया, सब कुछ बलिदान करना एवं औरों के साथ जो उनसे कम भाग्यशाली थे, सब कुछ बांट कर रहना सिखाया।

इसलिए बाद के जीवन में हम कई बार सुनते हैं कि किसी अच्छे कार्य के लिए उन्होंने अपनी सारी जमा पूंजी दान दे दी। वह कार्य चाहे शिक्षा का हो, अकाल राहत का या अछूतों के सुधार का हो। हम उनके बारे में यह भी सुनते आये हैं कि वह भारतीय लोगों की स्थिति को सुधारने के लिए अथक कार्य करते रहे हैं।

गांधीजी के शब्दों में वह 'एक संस्था' थे। कोई आन्दोलन, कोई सोसाइटी, कोई रचनात्मक कार्यक्रम या कोई शिक्षा योजना बिना लाजपत राय के सोची भी नहीं जा सकती थी।

इसमें सन्देह नहीं कि बालक लाजपत राय कई बातों से प्रभावित हो रहा था। वे बातें उसे आकार देने में सफल हुई क्योंकि स्वयं लाजपत राय एक संवेदनशील व्यक्ति थे। उन्होंने जो कुछ भी सीखा उसे आत्मसात् कर लिया। सारा जीवन उन्होंने उन लोगों को सम्मान दिया जो इसके अधिकारी थे और जो इससे वंचित थे उनके प्रति वे दुख महसूस करते रहे।

आर्य समाज

संवेदनशीलता और स्वतन्त्र विचार करने की आदत के कारण वह शिवाजी जैसे भारतीय देशभक्तों की जीवन कथाओं में बहुत रुचि लेने लगे। उन्होंने मैजिनी और गैरीबाल्डी की आत्मकथाएं भी पढ़ीं। वह उनके प्रशंसक थे क्योंकि उन्होंने निर्भय होकर इटली की स्वतन्त्रता और एकीकरण के लिए संघर्ष किया था।

लाजपत राय की प्रकृति ऐसी थी कि प्रगतिशील विचारों को पढ़कर उनमें प्रतिक्रिया होती थी। इसलिए वह स्वामी दयानन्द और आर्य समाज से प्रभावित

हुए। आर्य समाज का प्रभाव एक तूफान था जो उस समय पंजाब और उत्तर भारत के अन्य भागों को झिंझोड़ रहा था।

जब वह लाहौर के गवर्नमैंट कालेज के छात्र थे तो सन् 1882 में आर्य समाज में सम्मिलित हो गये। इसने उनके जीवन को नई दिशा दी। लाजपत राय राजा राममोहन राय जैसे प्रबुद्ध सुधारकों के दृष्टिकोण से प्रभावित थे जिन्होंने सती प्रथा जैसी कुरीति के विरुद्ध एक लम्बा संघर्ष किया था। इसलिए उन्होंने उन लोगों का साथ दिया जो आर्य समाज की शिक्षा में विश्वास रखते थे। उन्होंने सब हिन्दुओं को सम्बोधित कर के कहा, "राजा राममोहन राय और स्वामी दयानन्द तुम्हें वेदों की शिक्षा के लिए आमन्त्रित करते हैं।"

स्वामी दयानन्द की क्या शिक्षा थी? उन्होंने अपने उपदेश में कहा कि सब मनुष्य बराबर हैं और सबको न्याय मिलना चाहिये। वह जातिवाद का कड़ा विरोध करते थे। वह अस्पृश्यता, अन्धविश्वासों और ऐसे रीतिरिवाजों के विरोधी थे जो भक्त को पूजा का वास्तविक अर्थ ही भुला दें। उन्होंने कहा ईश्वर एक है। उन्होंने स्त्रियों की दशा सुधारने के लिए काम किया और वह विधवा पुनर्विवाह के समर्थक थे। इसके अतिरिक्त उन्होंने राष्ट्र को झकझोर कर उसे नवजीवन दिया और अपनी धार्मिक पुस्तकों, संस्कृति और विरासत पर गर्व करना सिखाया।

लाजपत राय प्रतिभाशाली वक्ता थे और अपनी विश्वास की शक्ति के कारण और भी अच्छे वक्ता बन गये थे।

सामाजिक सुधार

आर्य समाज के धार्मिक दृष्टिकोण ने नहीं बल्कि उसके राष्ट्रीय दृष्टिकोण और सामाजिक सुधार के कार्यक्रमों ने उन्हें अपनी ओर आकर्षित किया था। आर्य समाज की शिक्षा और कार्यक्रमों का प्रचार करने के लिए लाजपत राय और उनके मित्रों ने दूर-दूर तक भ्रमण किया।

लाजपत राय ने समाज के उत्थान के लिए अथक परिश्रम किया। यह काम वह गांधीजी के हरिजन उद्धार से बहुत पहले से कर रहे थे।

सन् 1912 में लाजपत राय ने हरिजनों के लिए जिन्हें शिक्षा का लाभ नहीं मिलता था, एक शिक्षण संस्था की स्थापना की। इसके पश्चात् इस तरह की कई संस्थाएं खोली गईं और उनका अस्तित्व बनाये रखने के लिए उन्होंने अपनी बचत से 40,000 रुपया दान दिया। वह प्रसन्नतापूर्वक हरिजनों के यहां जाते

और उनके साथ खाते-पीते। वह स्वामी दयानन्द के सच्चे शिष्य थे।

शिक्षा

लाजपत राय ने जीविका के लिए कानून को व्यवसाय रूप में अपनाया लेकिन हृदय से वह एक शिक्षाशास्त्री थे। उनका विश्वास था कि भारतीय जनता के उत्थान के लिए शिक्षा अनिवार्य है। उनका यह भी विश्वास था कि राजनैतिक शक्ति आर्थिक विकास पर निर्भर करती है। यदि लोगों की आर्थिक स्थिति का सुधार किये बिना कोई उन में राजनैतिक जागृति करने का प्रयास करता है तो वह अवश्य असफल होगा।

यद्यपि लाजपत राय हमारे अतीत की कई चीजों और परम्पराओं को गौरवमय और प्रशंसनीय समझते थे मगर वह उसके आदर्शीकरण के कट्टर विरोधी थे। उन्हें यह बात बेकार और मूर्खतापूर्ण लगती थी। "सब पुरातन चीजें आदर्श और श्रेष्ठ नहीं हैं। हम अपने पूर्वजों का प्रतिबिम्ब नहीं बनना चाहते बल्कि हम उनसे अच्छे बनना चाहते हैं।" इसलिए उनका विश्वास था कि शिक्षा की पुरातन पद्धति का पुनरुत्थान करने के साथ-साथ हम उसे आधुनिक समय के अनुसार बनायें। इस तरह से गुरु और शिष्य के निजी सम्बन्धों में प्राचीन पद्धति अधिक बढ़िया थी। उनके विचार से ऐसे सम्बन्ध में मानवीय तत्व होता था जिसका आधुनिक शिक्षा में बिलकुल अभाव है।

लाजपत राय बच्चे के शारीरिक विकास और स्वास्थ्य पर बहुत जोर देते थे। इसमें बच्चे का खिलाना-पिलाना भी शामिल था। उनकी इच्छा थी कि स्कूल के बच्चों के लिए राष्ट्रीयता और देशभक्ति को भी अन्य विषयों की तरह पढ़ाया जाना चाहिये जिससे बच्चे अपने देश पर गर्व करना सीखें और उसकी सुन्दरता एवं विविधता को पहचान कर उसका महत्व समझ सकें।

वास्तव में शिक्षा में जिन मूल्यों पर उन्होंने जोर दिया वह वर्तमान भारत सरकार की शिक्षा नीति का आधार है।

लाला लाजपत राय के ज्ञान और अनुभव की कोई सीमा नहीं थी। उन्हें विश्वास था कि यदि भारत दुनिया के देशों में अपना ठीक स्थान पाना चाहता है तो उसे सबसे निकट सम्पर्क बनाये रखने होंगे। इस ध्येय को पूरा करने के लिए उनके विचार से आधुनिक भाषाओं का सीखना आवश्यक था। वह अंगरेजी पढ़ने के पक्ष में थे जिससे हमारी शिक्षा राष्ट्रीय होते हुए भी आधुनिक विचारों

से अवगत हो और समृद्ध रहे।

लाला लाजपत राय जनता में भाषण हिन्दुस्तानी में दिया करते थे। उनकी मुख्य भाषा उर्दू थी। आर्य समाज में शामिल होने पर उन्होंने हिन्दी सीखी। लाला लाजपत राय का अंगरेजी में पहला भाषण असफल रहा। प्रेस उन्हें समाचारपत्रों में 'बुरी अंगरेजी का मास्टर' कहता था। उन्हें यह बहुत बुरा लगा और उन्होंने अपनी अंगरेजी को सही करने के लिए परिश्रम किया, जब तक कि उन्होंने उसमें पूर्ण योग्यता प्राप्त नहीं कर ली। फिर वही लोग कहने लगे कि उनकी अंगरेजी बहुत अच्छी है।

महिलाओं के लिए कार्य

लाला लाजपत राय का महिलाओं की समस्याओं को देखने का दृष्टिकोण अपने समय से बहुत आगे एवं प्रगतिशील था। वह चाहते थे कि भारतीय महिला अपनी सलज्जता, मर्यादा और अपने पति और बच्चों की ओर अपने कर्त्तव्य की भावना कायम रखे। वह यह भी चाहते थे कि महिलायें अपने अधिकारों को मांगना भी सीखें। उन्होंने लोगों से अपील की कि वे अपनी बेटियों को उनके शारीरिक और मानसिक विकास का अवसर दें। वह अपने परिवार में धन की कमी से होनेवाली कठिनाई को कभी नहीं भूले।

लाहौर में जब वह कॉलेज में पढ़ते थे तो उनके पिता उन्हें आठ-दस रुपये प्रति मास से अधिक नहीं भेज सकते थे। छात्रावास की फीस दो रुपये थी और ट्यूशन फी थी एक रुपया। विश्वविद्यालय से तीन रुपये वजीफा भी मिलता था मगर फिर भी उनकी गुजर कठिनाई से होती थी। कई बार तो उन्हें भूखे ही रहना पड़ता था। वह पुस्तकें आमतौर पर पुरानी खरीदते या दोस्तों से लेकर पढ़ते थे।

जब उनकी शिक्षण योजना चालू हो गई तो लाला लाजपत राय ने अपना ध्यान दूसरे क्षेत्रों की ओर लगाना आरम्भ किया।

राहत कार्य

उनका स्वास्थ्य अच्छा नहीं था। मलेरिया बुखार के बार-बार होने से उनकी तिल्ली बढ़ गई थी। लेकिन जब उन्होंने अपने देश के लोगों को यातनायें सहते देखा तो उनके हृदय में से अपने आराम का विचार तक गायब हो गया।

सन् 1896 में उत्तर भारत भीषण दुर्भिक्ष से जूझ रहा था। सन् 1899 तक दुर्भिक्ष बंगाल और मध्य भारत और राजपूताना में भी फैल चुका था। हजारों लोग भूख से मरने लगे। ब्रिटिश सरकार का राहत कार्य काफी नहीं था। यह महसूस करने पर भारतीय नेताओं ने राहत कार्य अपने जिम्मे ले लिया। राहत कार्य करने वाले स्वयंसेवकों के दल में लाला लाजपत राय सबसे आगे थे।

इस दुर्भिक्ष के बाद एक भूकम्प ने पंजाब को झकझोर दिया, विशेषकर कांगड़ा क्षेत्र में जान-माल की बहुत हानि हुई। एक बार फिर लाला लाजपत राय राहत कार्य में जुट गये। उनका प्रयास केवल बोलने और सुझाव देने तक सीमित नहीं रहता था। वह स्वयं दुर्घटना स्थल पर जाते और जीवित लोगों को खोद कर निकालने में सहायता करते और उनकी जरूरतें पूरी करते।

लाला लाजपत राय ने सन् 1921 में 'सर्वेन्ट्स ऑफ पीपुल सोसाइटी' की स्थापना की। इसके सदस्य देशभक्त भारतीय थे और उनका एक ध्येय था—ज्यादा से ज्यादा समय राष्ट्र की सेवा में व्यतीत करना। आज भी इस सोसाइटी की देखरेख में कई अच्छे और काम हो रहे हैं।

राजनैतिक मंच पर

भारतीय राष्ट्रीय कांग्रेस की स्थापना सन् 1885 में हुई। तीन वर्ष के पश्चात् लाजपत राय इस में सम्मिलित हुए। उस समय वह केवल 23 वर्ष के थे। उन्हें एकत्रित लोगों को सम्बोधित करने के लिए कहा गया तो उन्होंने यह काम बड़े आत्मविश्वास के साथ किया।

इसके पश्चात् चालीस वर्ष तक वह कांग्रेस का काम किसी न किसी हैसियत से करते रहे।

जब लाला लाजपत राय ने कांग्रेस में प्रवेश किया था तो वह अभी आरम्भिक अवस्था में थी और कुछ भी करने के लिए संवैधानिक तरीके पर ही जोर दिया जाता था। एक ऐसी आस्था थी कि स्वाधीनता पाने के लिए किया गया कोई भी प्रयास कांग्रेस के द्वारा ही होना चाहिये। लाला लाजपत राय को लगा कि कांग्रेस अंग्रेजों द्वारा ही सुरक्षा साधन (सेफ्टी वाल्व) की तरह बनाई गई है। भारतीयों को अपने विचार प्रकट करने देने के लिए वह केवल एक मंच था, जिससे उनमें बढ़ती विरोध की भावना पर नियन्त्रण करने में सहायता मिले। लाला लाजपत राय ने कांग्रेस को नया दृष्टिकोण और तरीके देने का प्रयास

किया। उन्होंने कांग्रेस का ध्यान जनता की मूल समस्याओं, गरीबी और निरक्षरता की ओर आकर्षित किया।

लाजपत राय के विश्वास और आस्था ने उनके भाषणों में आग भर दी और उन्हें 'पंजाब केसरी' या 'शेरे पंजाब' की उपाधि दी गई। कहा जाता था कि महाराजा रणजीत सिंह (18वीं शताब्दी) के बाद लालाज़ी पंजाब के सबसे शक्तिशाली और प्रभावशाली व्यक्ति समझे जाते थे।

सामाजिक और राजनैतिक मंच पर लाला लाजपत राय को कुछ चीजें बड़ी दुखदाई लगीं। वह भारतीयों की राजनैतिक व्यवस्था में पड़ती दरारों को सह नहीं सके।

अंगरेजों का सामना संयुक्त रूप से मिलकर करने के बजाये मुसलमान लोग उनका पक्ष लेने लगे। इस बात के विरोध में लाला लाजपत राय ने एक स्मरणीय भाषण दिया। उस दिन से अंग्रेज उन्हें क्रांतिकारी नेता मानने लगे।

महारानी विक्टोरिया की हीरक जयन्ती के अवसर पर ब्रिटिश सरकार ने लाहौर में उनका एक बुत स्थापित करने का प्रस्ताव किया। मगर लाला लाजपत राय के विचार भिन्न थे। एक सभा जो इस प्रस्ताव पर विस्तृत रूप से विचार-विमर्श करने के लिए बुलाई गई थी उसमें उन्होंने सुझाव दिया कि इस धन को पंजाब के अनाथ बच्चों के लालन-पालन में खर्च करना चाहिये। उन्होंने कहा कि महारानी के लिए यह अधिक अच्छा स्मारक होगा। सरकार उनका विरोध नहीं करना चाहती थी क्योंकि लालाजी के अनुयायिओं की संख्या बहुत बड़ी थी। बुत लगाने का प्रस्ताव चुपके से छोड़ दिया गया।

तिलक के साथ

जब ब्रिटिश सरकार की शक्ति अपने चरम बिन्दु पर थी उस समय लाला लाजपत राय द्वारा सरकार का ऐसा खुला विरोध करना बहुत साहस की बात थी। लाजपत राय की राष्ट्रीयता की भावना दिनोंदिन प्रचण्ड होती जा रही थी। इस समय वह बाल गंगाधर तिलक के निकट सम्पर्क में आये। बाल गंगाधर तिलक को भारत के असन्तुष्ट दल का पिता कहा जाता है। उस समय के भारतीय राष्ट्रीय आन्दोलन पर वह छाये हुए थे। तिलक ने घोषणा की, "स्वराज मेरा जन्मसिद्ध अधिकार है और मैं इसे लेकर रहूंगा।" नरम दल और उसके नेता गोपाल कृष्ण गोखले की नरम-नीति से उकता कर तिलक विचारों से

क्रांतिकारी एवं कार्यों से सक्रिय विरोधी बन गये थे। लाला लाजपत राय पूरी तरह से तिलक से सहमत थे।

लाला लाजपत राय हिन्दू-मुसलमान एकता के समर्थक थे। लेकिन जब उन्होंने देखा कि मुसलमान अंगरेजों का पक्ष ले रहे हैं तो वह हिन्दू एकता का समर्थन करने लगे। जैसे कुछ लोगों का कहना है कि वह सम्प्रदायवादी थे। मगर यह सही नहीं है। यह सच है कि वह हिन्दुओं के अधिकारों का बलिदान कर मुसलमानों के अधिकार नहीं बचाना चाहते थे।

इस विषय पर लाला लाजपत राय गांधीजी से पूरी तरह सहमत नहीं थे। लालाजी हिन्दू-मुस्लिम एकता के समर्थक थे। वह सीटों के आरक्षण और सम्प्रदायी निर्वाचन और मुसलमानों के पक्षपात के विरोधी थे। वह गांधीजी का बहुत सम्मान करते थे। उन्होंने कहा, "मैं पूरे संसार को चुनौती देता हूं कि महात्मा गांधी जैसे व्यक्ति को पैदा करके दिखायें।" गांधीजी स्वयं भी लाला लाजपत राय को अपना बड़ा भाई मानते थे।

गांधीजी अहिंसा में विश्वास करते थे लेकिन लाजपत राय का कहना था कि यदि स्वाधीनता अहिंसा द्वारा नहीं मिलती तो और कड़े तरीकों से काम लेना चाहिये।

स्वदेशी

लाला लाजपत राय स्वदेशी और बहिष्कार आन्दोलन का प्रचार पूरे देश में करना चाहते थे जिससे ब्रिटिश आर्थिक व्यवस्था पर बुरा प्रभाव पड़े। इस तरह उन्हें जबरदस्ती हमारी स्वतंत्रता की मांग को सुनना पड़ेगा। इस बात में लाला लाजपत राय नरम दल के नेता गोपाल कृष्ण गोखले की नीति के विरोधी थे। निजी तौर पर गोखले के लिए उनके हृदय में बड़ा आदर-सम्मान था। वह कहा करते थे कि राजनीति उन्होंने गोखले के चरणों में बैठकर सीखी है।

ब्रिटिश सरकार की अपनी निर्भय आलोचना, अपने दृढ़ विश्वास और जनता पर काबू होने के कारण लाला लाजपत राय पर कई बार राजद्रोह का आरोप लगाया गया। ब्रिटिश सरकार ने कई बार उन्हें रास्ते से दूर हटाने की कोशिशें भी कीं।

मई सन् 1907 में लाला जी को गिरफ्तार कर लिया गया और बाद में उन्हें मांडले निर्वासित कर दिया गया। वह वहां पर छः महीने पूर्णतया एकाकी रहे।

लालाजी को घूमने की अनुमति दी जाती थी लेकिन वहीं तक जहां तक वह

दिखाई देते रहें। उनका कोई साथी कैदी नहीं था। एक बंगाली नाई जो ड्यूटी पर होता था हर सुबह उनके पास आता था। वह उनका बहुत आदर करता था। वह समाचारपत्र के मुख्य समाचार रट कर आता और लालाजी को सुनाता। एक आदमी जो लालाजी के लिए पानी लाता था चुपके से उनके लिए समाचारपत्र भी पानी के घड़े के मुंह में छिपाकर लाता। लालाजी जल्दी-जल्दी समाचारपत्र पर एक नजर डालते और फिर वह आदमी उसी तरह उसे घड़े के मुंह में छिपा कर वापस ले जाता।

लालाजी एक डायरी रखते थे जिसके कुछ संस्मरण बाद में 'स्टोरी ऑफ माई डिपोर्टेशन' नामक पुस्तक में शामिल किये गये। प्रविष्टियां बताती हैं कि उनका स्वास्थ्य अच्छा नहीं था। कड़ी कैद और एकाकीपन उन्हें प्रभावित कर रहा था। कुछ पशु-पक्षी जैसे दो बिल्ली के बच्चे, एक पिल्ला और मैना का परिवार उन्होंने पाल रखे थे। ये उनके अकेलेपन को कुछ हद तक कम करते थे।

लाजपत राय अपना समय पढ़ने-लिखने में बिताते थे। उन्होंने बर्मा और उसके लोगों के बारे में कई पुस्तकें पढ़ीं और बाद में उर्दू भाषा में 'अफसानाये-बर्मा' के नाम से एक पुस्तक प्रकाशित की। वह उपन्यास और इतिहास की पुस्तकें पढ़ते। उन्होंने फारसी में हाफीज के लिखे शेर पढ़े। उर्दू में वह ज़ौक की नज्में पढ़ते और गद्य में अपने पूर्व अध्यापक मुहम्मद हुसैन आजाद की पुस्तकें पढ़ते।

इन्हीं दिनों उन्होंने भगवद्गीता भी पढ़ी। उन्होंने उपनिषद और दर्शन की पुस्तकें पढ़ीं। वह नियमित रूप से सुबह ईश्वर का नाम लेते और प्रार्थना करते।

मांडले में कैद के दौरान लालाजी किसी मित्र या संबंधी से नहीं मिले। उन पर कड़ी चौकसी रखी जाती थी। उनके पत्रों को भी सेंसर किया जाता था। लेकिन उन्होंने इस बलिदान को प्रसन्नता से स्वीकार किया।

नवम्बर में मांडले से लौटने के पश्चात् लाला लाजपत राय उन्हीं उद्देश्यों के लिए कार्य करने लगे जो उन्हें बहुत प्रिय थे।

राजनैतिक क्षेत्र में देश उन्हें कट्टर देशभक्त एवं भारत में और बाहर कांग्रेस का सबसे योग्य प्रवक्ता मानता था। इस तरह से वह भारत का प्रतिनिधित्व करते हुए कई बार विदेश गये।

निर्वासित

सन् 1914 में कांग्रेस की ओर से वह इंग्लैंड गये। अपना कार्य समाप्त करने के बाद उन्होंने वापसी के समय कई यूरोपियन देशों की यात्रा करने की योजना बनाई। लेकिन उनकी योजना पूरी नहीं हुई क्योंकि प्रथम विश्व युद्ध आड़े आ गया।

इसलिए लाला लाजपत राय अमेरिका चले गये जहां उन्हें कई स्थानों पर जनता को सम्बोधित करने का अवसर मिला।

कुछ महीने पश्चात् वह पानी के जहाज द्वारा जापान रवाना हुए। वहां से उनका इरादा भारत आने का था। जापान में उन्हें बहुत बड़ी संख्या में विश्वविद्यालयों से भाषण देने का निमंत्रण मिला। उनके सम्मान में समारोहों की व्यवस्था की गई। वह वहां कई राजनैतिक नेताओं से भी मिले।

लड़ाई आरम्भ होने पर लालाजी ने स्वयं को निर्वासित पाया।

आश्रय के लिए लालाजी ने अमेरिका को पसन्द किया। सन् 1915 के अंतिम दिनों में वह वापस अमेरिका आ गये और भारत के लिए समर्थन प्राप्त करने का कार्य करने लगे। युद्ध के दौरान ब्रिटिश लोग अमेरिका की सहायता पाने के लिए वहां काफी प्रचार कर रहे थे। लाला लाजपत राय ने इस अवसर को भारत का प्रश्न उठाने के लिए इस्तेमाल किया।

सन् 1915 के अक्तूबर मास में लाला लाजपत राय ने भारतीय 'होम रूल लीग ऑफ अमेरिका' की स्थापना की। सन् 1917, जनवरी में लीग ने 'यंग इंडिया' नाम से एक मासिक पत्रिका निकाली। एक सूचना केन्द्र भी स्थापित किया गया जो भारत में होने वाली घटनाओं को महत्व देता था। उन्होंने भारत की राजनैतिक स्थिति पर कई लेख लिखे जो अमेरिका में प्रकाशित हुए। लेकिन उनमें से ज्यादा पर भारत में प्रतिबन्ध लगा दिया गया था। उनके परिश्रम के कारण वहां की जनता भारत की आकांक्षाओं के साथ सहानुभूति और उनका समर्थन करने लगी थी। वह भारत के अनौपचारिक राजदूत समझे जाते थे। उनमें दुर्लभ योग्यता थी और वह बहुत ही आकर्षक व्यक्तित्व के स्वामी थे।

लालाजी की पुस्तक 'दी पोलिटिकल फ्यूचर ऑफ इंडिया' का प्रकाशन सन् 1919 में हुआ। इस पुस्तक में ब्रिटिश लोगों के बेदिली से किए संवैधानिक सुधारों के प्रयास की आलोचना थी जो मौन्टफोर्ड रिपोर्ट के नाम से जानी जाती है। (भारत के लिए मांटेग्यु ब्रिटिश सैक्रेटरी ऑफ स्टेट थे और चेम्सफोर्ड वाइसराय)।

रौलट एक्ट के विरुद्ध हो रहे आन्दोलन के दौरान ही यह पुस्तक प्रकाशित हुई। इस एक्ट के द्वारा सरकार ने असाधारण और अतिरिक्त अधिकार ग्रहण कर लिए थे जिसके द्वारा वह किसी को भी गिरफ्तार व हवालात में रख सकती थी एवं मुकदमा चला सकती थी।

व्यथा

गांधीजी के नेतृत्व में रौलट एक्ट के विरुद्ध आन्दोलन हुआ और साथ ही गवर्नर सर ओ'डायर के नेतृत्व में 13 अप्रैल सन् 1919 को जलियांवाला बाग का हत्याकांड हुआ। लाला लाजपत राय को भारत आने के लिये जहाज में स्थान नहीं दिया जा रहा था। जब उन्होंने भारत के अपमान की बात सुनी तो उन्होंने एक संदेश भेजा, "प्रिय मित्रों, मैं आपको कैसे बताऊं कि इस समय मैं पंजाब के स्थिति के बारे में क्या महसूस कर रहा हूं। मेरा हृदय भरा हुआ है। यद्यपि मेरी जबान मूक है... मैंने बहुत कोशिश की कि इस कष्ट के समय मैं आप सबके साथ रहूं और आपका दुख बांटू परन्तु मैं अपने प्रयास में असफल हुआ हूं। मैं शहीद नहीं कहलाना चाहता पर आप सबकी संकट की घड़ी में आपके काम आना चाहता हूं... मेरे हृदय में दुख है और आत्मा घायल। मुझे नौकरशाही की करतूतों पर बहुत क्रोध आ रहा है। उससे भी ज्यादा गुस्सा आ रहा है अपने देश के लोगों के व्यवहार पर।"

लालाजी ने पंजाब के युवा लोगों से अपील की कि इस विपत्ति में बहादुरी और शुद्ध अन्तरात्मा एवं धैर्य से व्यथित नेताओं का साथ दें।

लाला लाजपत राय 20 फरवरी सन् 1920 को वापस बम्बई पहुंचे। तिलक की मृत्यु एक अगस्त सन् 1920 को हुई। उन्होंने विदेश में रहते हुए जितना समर्थन तिलक से पाया था उतना किसी और भारतीय नेता ने उन्हें नहीं दिया था।

भारत में वापस आकर लाला लाजपत राय राजनैतिक विचारधारा का अवलोकन करने लगे। विशेषकर गांधीजी के नये शस्त्र असहयोग आन्दोलन का।

सन् 1920 में कलकत्ता में हुए भारतीय व राष्ट्रीय कांग्रेस के विशेष अधिवेशन की अध्यक्षता लाला लाजपत राय ने की। बहुत सावधानी के बावजूद भी अध्यक्ष का भाषण उत्कृष्ट एवं उनके उत्साह से ओतप्रोत था। अनिवार्य था कि उसमें जलियांवाला बाग की दुर्घटना का भी जिक्र हो। "...भारत में ब्रिटिश शासन के इतिहास में जितनी बदनामी सर ओ'डायर ने कराई है उतनी और किसी ने ब्रिटिश

राज की बदनामी नहीं कराई। भारत में ब्रिटिश शासन का यह एक काला पन्ना है।''

लालाजी बराबर दौरा कर रहे थे और बवण्डर की तरह एक स्थान से दूसरे स्थान पर पहुंच रहे थे। सबसे कठिन काम था तिलक स्वराज्य कोष के लिए एक करोड़ रुपया एकत्र करना जैसा कि कांग्रेस कार्यकारी समिति का प्रस्ताव था। उन्होंने तब तक आराम नहीं किया जब तक पंजाब ने अपने हिस्से का रुपया एकत्र नहीं कर लिया।

सन् 1922 के फरवरी मास में लाजपत राय को जनता को भड़काने के आरोप में गिरफ्तार कर लिया गया और उन्हें दो वर्ष कैद का दण्ड सुनाया गया। इसी दौरान गांधीजी ने सविनय अवज्ञा आन्दोलन आरम्भ किया। चौरी चौरा (उत्तर प्रदेश के गोरखपुर जिले) में अहिंसा की घटनायें हो जाने से आन्दोलन स्थगित कर दिया गया।

16 अगस्त सन् 1923 को लाला लाजपत राय रिहा कर दिये गये। वह अपने स्वास्थ्य को ठीक करने के लिए सोलन नामक पहाड़ी स्थान पर चले गये।

स्वराज्य पार्टी

लालाजी की कैद के दौरान श्री चितरंजन दास और पंडित मोतीलाल नेहरू के नेतृत्व में स्वराज्य दल की स्थापना की गई। यह पार्टी अंग्रजों से संवैधानिक तरीके से संघर्ष की समर्थक थी। भीतर से असहयोग करना उनका ध्येय था। लाला लाजपत राय सन् 1926 के जनवरी मास में औपचारिक तरीके से इसमें शामिल होने से पहले ही इस के कार्यक्रम का समर्थन कर रहे थे। कांग्रेस के कानपुर अधिवेशन, जिसकी अध्यक्षता सरोजिनी नायडू ने की थी, में स्वराज्य पार्टी का प्रभाव स्पष्ट था।

सन् 1924 के अप्रैल मास में लालाजी भारत के लिए समर्थन पाने के लिए फिर इंगलैंड गये। उस समय इंगलैंड में मजदूर पार्टी का शासन था। लाला जी इंगलैंड के प्रधान मंत्री रेमसे मेकडोनल्ड से मिले।

सन् 1926 की मई में लालाजी अन्तर्राष्ट्रीय श्रमिक कान्फ्रेन्स में शामिल होने के लिए फिर यूरोप गये। 8 नवम्बर सन् 1927 को ब्रिटिश प्रधान मंत्री ने भारत के भविष्य के संविधान पर रिपोर्ट देने के लिए एक आयोग नियुक्त किया। इसमें सात ब्रिटिश सदस्य थे। कोई भारतीय नहीं था। इस आयोग का प्रधान था सर जॉन साइमन। आयोग में किसी भारतीय के न होने से देश को बहुत बुरा लगा। लार्ड अरविन ने किसी भारतीय को सम्मिलित न करने का कारण

यह बताया कि भारतीय सदस्य अपक्षपाती और निष्पक्ष नहीं हो सकता। इस टिप्पणी से भारत में सभी राजनैतिक दलों के नेतागणों को बहुत गुस्सा आया। इसलिए आयोग को बहिष्कार करने का निर्णय भी सर्वसम्मति से लिया गया।

क्रूरता के शिकार

कांग्रेस द्वारा प्रस्तावित कार्यक्रम में आयोग के यहां पहुंचने वाले दिन पूरे भारत में जनता का प्रदर्शन भी शामिल था। प्रत्येक नगर यह प्रदर्शन उस दिन करेगा जिस दिन आयोग वहां पहुंचेगा। इसमें विधानमंडल की जांच-पड़ताल में सहायता करने से इनकार और आयोग के सदस्यों का सामाजिक बहिष्कार भी शामिल था।

3 फरवरी 1928 को आयोग के सदस्य बम्बई पहुंचे। उस दिन सब महत्वपूर्ण नगरों में पूर्ण हड़ताल रही। बड़े-बड़े प्रदर्शन हुए और प्रदर्शनकारी जुलूस के रूप में सड़कों पर काले झंडे दिखाते हुए निकले। झंड़ों पर लिखा था, 'साइमन वापस जाओ'। बम्बई में बहुत बड़ा प्रदर्शन हुआ।

16 फरवरी सन् 1928 को केन्द्रीय विधान सभा में एक प्रस्ताव रखा गया कि विधान सभा का आयोग से कोई लेना-देना नहीं है क्योंकि वह भारत को स्वीकार नहीं था। प्रस्ताव चुने हुए सदस्यों के बहुमत से पारित हुआ। जिस पर लोगों ने वन्दे मातरम् के नारे लगाये।

लाहौर में आयोग 30 अक्तूबर को पहुंचने वाला था। उस दिन एक बड़ी भीड़ गला फाड़ कर चिल्ला रही थी, "साइमन वापस जाओ।" इस सबके बावजूद लाहौर में यह प्रदर्शन लाला लाजपत राय के नेतृत्व में बहुत व्यवस्थित और संगठित रूप से हुआ। इस व्यवस्था के पीछे था जनता पर उनका नियंत्रण। फिर भी अधिकारियों ने कुछ निश्चय कर लिया था। जैसे ही आयोग रेलवे स्टेशन पर पहुंचा शान्तिपूर्ण जुलूस पर क्रूरता से लाठियां बरसाई गईं और उसके नेता लाला लाजपत राय तो उनका विशेष निशाना थे। उन पर भी लाठियों की खूब बौछार हुई। लेकिन वह पतले-दुबले नाजुक से व्यक्ति उस स्थान से भागे नहीं। उनके अनुयायी उन्हें घेर कर खड़े हो गये जिससे उन्हें लाठियों के प्रहार से बचा सकें। कई लोग चकित थे कि उन्होंने मि. स्कॉट, सीनियर सुपरिन्टेण्डेन्ट ऑफ पुलिस के नेतृत्व में अंग्रेजों के उस क्रूर आक्रमण को कैसे सहा। लाठियां खाते हुए भी लाला लाजपत राय ने अपने व्यक्तव्य द्वारा लोगों को नियंत्रित रखा। जब आक्रमण समाप्त हुआ तो वे निर्भीकता से जुलूस का नेतृत्व करते हुए वापस आये।

सायंकाल की एक विरोध सभा में 'शेरे पंजाब' फिर गरजा, ''प्रत्येक प्रहार जो उन्होंने हम पर किया है वह उनके साम्राज्य के कॉफिन में एक और कील है।''

बाद में विभागीय जांच ने पुलिस को सभी आरोपों से मुक्त कर दिया।

पंजाब का शेर बुरी तरह घायल हो गया था। फिर भी वह तीन और चार नवम्बर को नई दिल्ली में हुई अखिल भारतीय कांग्रेस कमेटी की सभा में शामिल हुए और उसे सम्बोधित भी किया। वापस लाहौर में आकर उन्होंने अधिवेशन के बारे में 'दी पीपुल' पत्रिका में लिखा। लेकिन केवल एक लेख प्रकाशित हुआ। जवाहरलाल नेहरू ने अपनी आत्मकथा में लिखा है, ''उनका पहला लेख... शायद प्रकाशन के लिए उनका आखिरी लेख था जिसमें मुझे विषादमय रुचि थी।''

लालाजी ने जवाहरलाल नेहरू और सुभाष चन्द्र बोस के लिए लिखा, ''केवल ये दो युवा व्यक्ति ऐसे हैं जिनकी ईमानदारी, उच्च चरित्र और विद्वता का मैं सम्मान करता हूं।''

ऊपर लिखी गई पुस्तकों के अतिरिक्त लाला लाजपत राय ने अन्य पुस्तकें भी लिखी हैं—जैसे 'ए हिस्ट्री ऑफ इंडिया,' 'महाराज अशोक,' 'वैदिक ट्रेक्ट'। उन्होंने कई पत्रिकाओं की स्थापना और सम्पादन किया—जैसे 'पंजाबी', 'यंग इंडिया', 'दी पीपल' और 'दैनिक वन्दे मातरम्'। ये उनके काम का हिस्सा थे। उर्दू का वन्दे मातरम् एक अग्रणी समाचारपत्र था। उसने उर्दू प्रेस का स्तर ऊंचा उठाने में सब तरह से सहयोग दिया। दी पीपल (अंग्रेजी) का आरम्भ सन् 1925 में किया गया और उसमें विविध प्रकार की सामग्री होती थी। इस समाचारपत्र ने अपने निर्भय विवेचन के लिए ख्याति पाई।

लाला लाजपत राय की पत्नी राधा देवी के बारे में बहुत कम सुनने में आता है। उनका विवाह सन् 1877 में हुआ था और राधा देवी का स्वर्गवास लालाजी की मृत्यु के चार वर्ष उपरान्त हुआ। उनके बच्चों के बारे में भी कुछ अधिक पता नहीं है। यह इसलिए है क्योंकि लालाजी पारिवारिक जीवन में अधिक रुचि नहीं रखते थे। उनका सारा समय, शक्ति एवं साधन और वास्तव में सारा जीवन ही देश की सेवा में बीता।

अन्त

सन् 16 नवम्बर 1929 की बात है। उस रात लालाजी गंभीर तौर से बीमार हो गये। डॉक्टर के देखकर जाने के बाद वह सो नहीं पाये। अगली सुबह

लालाजी का निधन हो गया। दोपहर तक उनके घर के सामने भीड़ समुद्र की तरह ठाठें मारती हुई अपने प्रिय नेता की मृत्यु पर शोक प्रकट कर रही थी।

जवाहरलाल नेहरू ने लिखा, ''भगतसिंह अपनी क्रांतिकारी गतिविधियों के कारण लोकप्रिय नहीं हुए बल्कि इसलिए की उन्होंने लाला लाजपत राय के सम्मान को बचाया था एवं उसके द्वारा देश की रक्षा की थी।''

लाला लाजपत राय की कहानी तीव्र इच्छा शक्ति और अदम्य साहस की कहानी है। बीमार होने के बावजूद उनके पास भारत की स्वाधीनता के लिए संघर्ष करने की शक्ति थी। वह प्राचीन हिन्दू संस्कृति के समर्थक थे। भारत के भविष्य के लिए वह हिन्दू-मुसलमान एकता में विश्वास रखते थे। वह ऐसे नेता थे जो अपने विश्वास को साहस से प्रकट कर सकते थे। जब गांधीजी अहिंसा का पाठ पढ़ा रहे थे लाला लाजपत राय ने कहा था कि यदि हम अहिंसा द्वारा सफल नहीं होते तो हमें अन्य तरीके अपनाने चाहिये। कुछ दिशाओं में, जैसे महिलाओं और अछूतों के दृष्टिकोण में वह महात्मा गांधी के अग्रगामी थे। लाला लाजपत राय बहुमुखी प्रतिभा के धनी और उदार दृष्टिकोण रखते थे। वह एक महान व्यक्तित्व के स्वामी थे। वह इस योग्य थे कि लोग उन्हें 'पंजाब केसरी' कहें।

श्री अरविन्द

कमल मित्र

अनुवादः सुमन जैन

"प्रथम दृष्टि में ही मैंने पहचान लिया कि वह अन्तरात्मा की तलाश में लगे थे और उन्होंने उसे पा लिया है और सिद्धि की इस लम्बी प्रक्रिया में अपने अन्तःप्रेरणा की एक मौन शक्ति जुटा ली है। उनका चेहरा आन्तरिक प्रकाश से दमक रहा था। उनकी शान्त उपस्थिति ने यह बात मेरे लिए स्पष्ट कर दी कि उनकी अन्तरात्मा किसी ऐसे अत्याचारी सिद्धांत के द्वारा न तो जकड़ी हुई है, न पंगु बनी है, जो जीवन पर चोट करने में मजा लेता है... मैंने अनुभव किया कि प्राचीन हिन्दू ऋषियों की वाणी, उनके द्वारा उस समचिन्तंता के बारे में बोल रही है, जो मानव अन्तरात्मा को सर्व के अन्दर प्रवेश करने की छूट देती है।"

रविन्द्रनाथ टेगौर

श्री अरविन्द

बहुत समय पहले, एक बहुत ही अहंकारी और आडम्बरी राजा ने एक सभा बुलवाई। सभा में अक्खड़ राजा ने प्रश्न किया, "कौन महान है, ईश्वर या मैं?"

कैसा प्रश्न था!

लम्बे और उलझन भरे मौन के बाद, विद्वानों में से एक वृद्ध ने सिर झुकाकर आदर सहित कहा, "महाराज, आप सबसे महान हैं।" इस बात पर असहमति के क्षीण स्वरों के बीच, विद्वान ने स्पष्ट किया, "आप हमें अपने राज्य से निकाल सकते हैं पर ईश्वर नहीं। सब जगह उसका राज्य है। उससे अलग जाने की कोई जगह नहीं है। सब कुछ वही है।"

श्री अरविन्द के 'ईश्वर ही सब कुछ हैं,' इस ज्ञान ने उनके जीवन को बदल दिया। वह साधारण क्रांतिकारी या साधारण ईश-मानव नहीं थे। उनके अन्दर 'एकात्मकता' की एक सशक्त भावना विकसित हो गई थी। उन्होंने कहा, "मुझे अपने पड़ोसी से इसलिए प्यार नहीं करना चाहिए क्योंकि वह मेरे पड़ोस में रहता है, क्योंकि पड़ोस में या दूर रहने में क्या फर्क पड़ता है? इसलिए भी नहीं की धर्म कहता है कि वह मेरा भाई है, इस भाईचारे की नींव कहां है? क्योंकि वह स्वयं मैं हूं।"

अपने बचपन और किशोरावस्था में अरविन्द घोष बहुत उत्सुक पाठक, अध्ययन व ज्ञान प्राप्ति को समर्पित बालक थे। अपनी युवावस्था में वह बहुत ही पक्के क्रांतिकारी, भारतीय स्वतन्त्रता संग्राम के जोशीले और उत्साही नेता माने जाते थे। उन पर शक्तिशाली ब्रिटिश राज के साथ अनेक हिंसात्मक मुठभेड़ों का प्रतिपादित करने का आरोप लगाया गया था।

जब उनकी आयु चालीस वर्ष के करीब थी तब उनका ध्यान अध्यात्मवाद

की ओर गया। और विश्व उन्हें भारत के पॉण्डीचेरी के सन्त के रूप में जानने लगा।

उनमें बचपन से ही भावनायें उमड़ने-घुमड़ने लगीं थीं और नदी की धारा के रूप में अन्त तक बहती रहीं। एक ऐसी शक्तिशाली बाढ़ का रूप उन्होंने ले लिया जो भारत और विश्व के मानव को उच्च स्तर तक पहुंचा सके। यह नई चेतना भारतीय राष्ट्रीय आन्दोलन का अनिवार्य हिस्सा बन गई।

परिवार

अरविन्द का जन्म 15 अगस्त सन् 1872 में कलकत्ता में हुआ था। उनके पिता डॉ. कृष्णधन घोष बंगाल में पश्चिमी सभ्यता में रंगे सिविल डॉक्टर थे और उनकी मां स्वर्णलता देवी, राजनारायण बोस की पुत्री थीं। वह एक महान राष्ट्रवादी और भारतीय संस्कृति व परम्परा के इतने बड़े विशेषज्ञ थे कि उनका बंगाल में ऋषि राजनारायण के रूप में अभिनन्दन किया जाता है।

बंगाल में यह एक जाना-माना परिवार था और इसकी बहुत प्रतिष्ठा थी। पश्चिमी बंगाल के कोन्नगर का घोष परिवार पीढ़ियों से अभिजात-वर्ग का था। उनके पिता डॉ. कृष्णधन घोष उन दिनों उच्च शिक्षा के लिए इंग्लैंड गये जब हिन्दू समुदाय द्वारा समुद्र पार जाना पाप समझा जाता था।

डॉ. के.डी. घोष ने पिछड़ी हुई सामाजिक परम्पराओं के विरुद्ध युद्ध करने का निश्चय किया। उन्होंने ब्रिटेन में चिकित्सा-शास्त्र का अध्ययन किया और एबर्डीन विश्वविद्यालय से एम.डी. की डिग्री ली। यह वह समय था जब अनेक सितारे चमके थे और जिन्होंने विश्व को प्रदीप्त किया। विशेषकर यूरोप उस समय महानता की चरम सीमा पर था। आइन्सटाईन उनसे कुछ ही वर्ष छोटे थे, ज्यूल वर्नें ने भविष्य की खोज करनी आरम्भ कर दी थी। समय घटनापूर्ण था।

विश्व के इस ओर, भारतीय पुनरुत्थान आकार ले रहा था। पुराने और नये, अन्वेषण की इच्छा से मिल रहे थे।

आदत, व्रिचार और आदर्शों से पूर्णतया पाश्चात्य ढंग में ढलकर, डॉ. के.डी. घोष भारत लौटे। वह अंग्रेजी सभ्यता में इतना घुलमिल गये थे कि घर में प्रत्येक भारतीय चीज उन्हें परेशान करने लगी थी। उन्होंने बहुत कम दामों में कोन्नगर की अपनी पैतृक सम्पत्ति को बेच दिया और बहुत घृणा से अपने जन्मस्थान को छोड़ दिया। वह बंगाल मैडिकल सर्विस में आ गये और खुलना व रंगपुर जिले में सिविल सर्जन की हैसियत से कार्य करने लगे।

जहां कहीं भी उनका तबादला हुआ, वहीं अंग्रेजी समुदाय के साथ उनका व्यवहार मित्रवत होता। वह अपने बंगले पर श्रद्धा से उनका स्वागत करते, जो बंगाल के उन हिस्सों में 'सुयेज़ कैनाल' के नाम से प्रसिद्ध हो गया।

उस समय तक डॉ. घोष यह निश्चय कर चुके थे कि वह अपने बच्चों को अंग्रेजी शिक्षा देंगे और किसी भी तरह के भारतीय प्रभाव से उन्हें मुक्त रखेंगे। बच्चों का लालन-पालन पूर्णतया अंग्रेजी ढंग से होगा।

'अंग्रेज' बनो

अरविन्द तब मात्र पांच वर्ष के ही थे, उन्हें उनके दो बड़े भाइयों के साथ दार्जिलिंग भेज दिजा गया। वहां सन् 1877 में तीनों भाइयों को अंग्रेजी बच्चों के लिए बने एक विशेष स्कूल में दाखिल कर दिया गया। डॉ. घोष चाहते थे कि वे अंग्रेज बच्चों के साथ बड़े हों, सिर्फ अंग्रेजी और अंग्रेजी जीवन के तरीके सीखें। वह उन्हें भारतीय संस्कृति, भाषा और विचारों की छाया से भी दूर रखने के लिए दृढ़ संकल्प थे। दार्जिलिंग के लॉरेटो कान्वेंट स्कूल की आइरिश ननों ने पूरे दो वर्ष तक लड़कों को पढ़ाया और प्रशिक्षित किया।

श्री अरविन्द का पूरा नाम तब अरविन्द एक्रोयड घोष था। उनके जन्म के समय इंग्लैंड से आई एक अतिथि मिस एक्रोयड वहां उपस्थित थीं। अंग्रेजी नामों से प्रभावित डॉ. घोष ने उनके नाम के बीच 'एक्रोयड' को जोड़ दिया था।

उनके दार्जिलिंग में बीते दिनों के बारे में ज्यादा कुछ पता नहीं है। उनके आरम्भिक प्रशंसकों द्वारा जो थोड़ी बहुत सूचना एकत्रित हुई वह इस प्रकार है: "अरविन्द आरम्भ में जिस अंग्रेजी मास्टर से पढ़े थे उन्हें इस लड़के में महानता के बीज दृष्टिगोचर हो गये थे। वह अपने अध्यापकों के अत्यधिक प्रिय छात्र थे। वह अपने पाठ बहुत जल्दी याद कर लेते थे।"

उनके अध्यापक ने लिखा, "हम अकसर इस लड़के को अपनी गहरी, टुकर-टुकर देखती आंखों के साथ गम्भीर और विचारमग्न अवस्था में देखते, मानों वह विदेशी लड़कों के समूह के बीच घूमते हुए अपने भावी जीवन को देख रहा हो, कभी वह प्रकृति की सुन्दरता को निहारता, स्वभाव से कोमल और मधुर, यह स्वच्छ हृदय वाला लड़का स्कूल का गौरव था।"

सन् 1879 में डॉ. और श्रीमती घोष बच्चों को स्कूल की पढ़ाई के लिए इंग्लैंड ले गये। दोनों बड़े भाइयों को ग्रामर स्कूल में भर्ती कराया गया, अरविन्द

जिनकी आयु तब मात्र सात वर्ष की थी, उनको मैनचैस्टर में रेवरैंड डब्ल्यू.एच. डुएट और उनकी मां के पास छोड़ दिया गया। उन्हें रेवरैंड डुएट ने निजी तौर पर शिक्षा दी। वह लैटिन भाषा के प्रकाण्ड पंडित थे।

उनके माता-पिता अध्यापकों को यह कड़ा निर्देश देते हुए भारत लौट आये कि उनके बच्चों को भारतीयों से मिलने नहीं दिया जाये।

इस प्रकार वह व्यक्ति जो बाद में चलकर एक क्रांतिकारी, एक स्वतंत्रता सेनानी, एक महान भारतीय राजनैतिक दार्शनिक, वैदिक पुस्तकों का व्याख्याता बना, उसे वर्षों तक प्रत्येक भारतीय वस्तु से दूर रखा गया। उनके पिता अपने पुत्रों को पूर्ण रूप से अंग्रेज बनाने को दृढ़संकल्प थे।

मैनचैस्टर में रहते हुए, अरविन्द ने रेवरैंड डुएट से अंग्रेजी व लैटिन सीखी और श्रीमती डुएट से इतिहास, भूगोल, अंकगणित और फ्रेंच सीखी। बिना किसी स्कूल गये, उन्होंने ये सब घर पर ही पढ़ा। उनके पास काफी फुरसत होती थी। ढेर सारी अंग्रेजी व यूरोपियन साहित्य की पुस्तकें उनके शिक्षक के घर पर ही पड़ी थीं जिसका उन्होंने पूरा लाभ उठाया और उनके साहित्यिक मन का विकास हुआ। डुएट दम्पति उनको प्यार करते थे और उन के विचार से वह बहुत अच्छा लड़का था।

मैनचैस्टर में भाइयों ने बहुत मजे में पांच साल गुजारे। घर से आने वाला रुपया नियमित व पर्याप्त था। किन्तु धीरे-धीरे डॉ. घोष द्वारा भेजे जाने वाला रुपया कम हो गया और लड़कों को परेशानी होने लगी।

लंदन पहुंचने पर उनकी आर्थिक परेशानियां शुरू हुईं। कुछ समय के लिए घर से पैसे आने बिलकुल बंद हो गये और स्थिति ज्यादा गंभीर हो गई। दो सहृदय मकान मालकिनों की वजह से उनका काम चलता रहा जिन्होंने उनकी मुश्किलों को समझकर कभी पैसा नहीं मांगा। वे भूख और गरीबी के दिन थे। उनको दिन में पूरा खाना भी नहीं मिल पाता था। खाने को हर एक को सुबह के वक्त थोड़े से मक्खन के साथ डबलरोटी का टुकड़ा और एक कप चाय, और शाम को एक पेनी का ब्रेड रोल, सॉसेज या सैण्डविच ही मिल पाता था।

पुरस्कार

ऐसी स्थिति में भी लंदन के सेंट पॉल स्कूल में पढ़ रहे अरविन्द की शिक्षा पर कोई फर्क नहीं पड़ा। उन्होंने क्लासिक्स के लिए बहुत से इनाम जीते। उन्हें

क्लासिक साहित्य बहुत अच्छा लगता था। कड़ी मेहनत करके, उन्होंने साहित्य के लिए बटरवर्थ पुरस्कार और इतिहास के लिए बेडफोर्ड पुरस्कार जीता। सेंट पॉल में उन्हें स्कॉलरशिप भी मिला। बाद में, जब वह कैम्ब्रिज विश्वविद्यालय में थे, इण्डियन सिविल सर्विस का परीक्षार्थी होने के कारण उन्हें छात्रवृति भी मिली।

अक्तूबर सन् 1890 में अरविन्द ने कैम्ब्रिज के किंग्स कॉलेज में दाखिला लिया। वहां उन्हें प्रतिवर्ष 80 पाउण्ड की उच्च क्लासिकल स्कालरशिप मिली। उन्होंने विशिष्टता के साथ श्रेणी में क्लासिकल ट्राइपोस की परीक्षा पास की।

स्कॉलरशिप परीक्षा में क्लासिकल के पर्चे जांचनेवाले परीक्षक, महान ऑस्कर ब्राउनिंग ने कहा, ''शायद तुम जानते हो कि तुमने परीक्षा असाधारण रूप से उच्च स्तर से पास की है। मैं तेरह परीक्षाओं के पर्चे जांच चुका हूं और इस सारे काल में मैंने कभी तुम्हारे पर्चे जैसा पर्चा नहीं देखा। जहां तक तुम्हारे निबन्ध का सवाल है वह अद्‌भुत था।''

सन् 1890 में अरविन्द इण्डियन सिविल सर्विस की प्रतियोगिता में उत्तीर्ण हुए। उन्होंने पीरिऑडिकल एवं मैडिकल की परीक्षा भी पास कर ली। लेकिन घुड़सवारी की परीक्षा में उपस्थित न होने के कारण उन्हें सर्विस में नहीं लिया गया। उस समय इण्डियन सिविल सर्विस में प्रवेश पाने के लिए घुड़सवारी की परीक्षा में उत्तीर्ण होना अनिवार्य था। ऐसे उदाहरण भी देखने को मिलते थे जब उम्मीदवार घुड़सवारी की परीक्षा में फेल हो गये थे लेकिन उन्हें इस शर्त पर नियुक्त कर लिया गया था कि वे अपनी नौकरी के दौरान इस परीक्षा को पास कर लेंगे। इस सब के होते हुए भी अरविन्द के मामले में अनुकूल दृष्टि नहीं रखी गई थी। उनके अध्यापकों ने उनकी सहायता करने का प्रयत्न किया। अरविन्द को नौकरी के लिये अस्वीकृत न किया जाये इसके लिए कैम्ब्रिज के वरिष्ठ सदस्य और शिक्षक जी. डब्ल्यू. प्रोथेरो ने उनकी ट्राइपोस में असाधारण सफलता, अंग्रेजी में उनकी योग्यता, उनकी साहित्यिक क्षमता और प्रतिष्ठित पुरस्कारों को जीतने की ओर सबका ध्यान दिलाया। उन्होंने लिखाः ''कोई व्यक्ति ये सब कर सके (अधिकतर पूर्व स्नातकों के लिए तो यही बहुत है) और साथ ही साथ आई.सी.एस. की भी तैयारी करे, यह उसके असाधारण श्रम और क्षमता का प्रमाण है। क्लासिकल विद्वता के अतिरिक्त उनका अंग्रेजी साहित्य का ज्ञान भी साधारण पूर्व स्नातकों से बहुत अधिक है और वह बहुत से अंग्रेजी युवकों की उपेक्षा अधिक सुन्दर अंग्रेजी लिखते हैं।''

लेकिन कुछ फायदा नहीं हुआ। भारत के लिए नियुक्त राज्य सचिव लार्ड

किम्बरले ने पहले ही अपनी निजी फाइल में लिखा था कि उन्हें संदेह है 'क्या मि. घोष का सिविल सर्विस में आना वाछंनीय होगा।'

वास्तव में युवा बुद्धिजीवी जानबूझकर ही घुड़सवारी की परीक्षा देने नहीं आया था। उस दिन वह वूलविक में परीक्षा देने की बजाय लम्बी सैर पर निकल गया था।

कैम्ब्रिज में पढ़ रहे भारतीय छात्रों ने उन्हें 'भारतीय मजलिस' का सचिव चुना।

भारत की पुकार

उनके मस्तिक में अब तक इंग्लैंड, यूरोप, अमेरिका, जॉन ऑफ आर्क, अमरीकी क्रांति और इटली के मैजिनी बसे हुए थे। अब अपने देश की मुक्ति, भारत की स्वतंत्रता, उनके दिमाग में उथल-पुथल मचाने लगी थी। अपने बचपन से ही देश से बाहर रहने के कारण वह भारतीयों के बारे में करीब-करीब कुछ नहीं जानते थे और हिन्दुओं के बारे में तो कुछ भी नहीं। वह उनकी चारित्रिक विशेषताओं के बारे में जानना चाहते थे। उन्होंने अपने ज्ञान व अनुभव की कमी को पूरा करने का निश्चय किया। उन्हें ऐसी कड़ी की तलाश थी, एक ऐसे मंच की, जहां पूर्व और पश्चिम दोनों मिल सकें। उसे संश्लेषण नहीं बल्कि 'कुछ और' होना था। उन्हें भारत लौटना था।

जब अरविन्द जनवरी 1893 में भारत आने के लिए जलयात्रा कर रहे थे तब वह सिर्फ इक्कीस वर्ष के थे। और वह क्या थे? वह अपने साथ क्या लेकर आ रहे थे? उनके पास न धन था, न कोई ओहदा, यहां तक कि उनकी पढ़ाई भी पूरी नहीं हुई थी। पश्चिम में बिताये तेरह साल ही उनके साथ थे। शायद उन्होंने वहां की थोड़ी-सी संस्कृति जरूर आत्मसात् कर ली थी। अब देखना यह था कि वह अपनी संस्कृति को आत्मसात् करने में कितने सफल होते हैं।

इग्लैंड छोड़ने से पहले, उनके पिता के मित्र जेम्स कॉटन ने उनकी मुलाकात बड़ौदा के गायकवाड़ सयाजी राव से करवाई। गायकवाड़ ने उनके सामने उनके राज्य में नौकरी करने का प्रस्ताव रखा और उनका वेतन दो सौ रुपये निश्चित कर दिया। अरविन्द ने नौकरी स्वीकार कर ली और वादा किया कि भारत पहुंचते ही वह काम शुरू कर देंगे।

आई.सी.एस. पास करने पर उन्हें बाकी पैसा मिल गया जिससे इंग्लैंड छोड़ने से पहले उन्होंने अपना सारा उधार चुका दिया एवं भारत जाने के लिए टिकट भी खरीद लिया। फरवरी सन् 1893 में वह भारत पहुंचे।

उनके पहुंचने से पहले ही बहुत दुखद स्थिति में उनके पिता का देहान्त हो गया। अरविन्द एस.एस. कार्थेज नामक जहाज से यात्रा कर रहे थे। लंदन में रह रहे डॉ. के.डी. घोष के बैंकर ने गलती से उन्हें यह सूचना दे दी कि उनका पुत्र किसी दूसरे जहाज से आ रहा है। जिस का नाम गलती से दिया गया था, वह रास्ते में भयंकर तूफान में फंसकर पुर्तगाल के तट पर डूब गया। दुर्घटना ने बहुत अनर्थ कर दिया। समाचारपत्रों में खबर छपी कि उसमें कोई भी नहीं बचा। डॉ. के.डी. घोष, बहुत उत्सुकता से अपने प्रिय पुत्र के आने का इंतजार कर रहे थे। उनको इस समाचार से गहरा आघात लगा। यह सोचकर कि उन्होंने अपने प्यारे पुत्र को हमेशा के लिए खो दिया है, उनका दिल टूट गया। परिणाम स्वरूप हृदय गति रुक जाने से उनकी मृत्यु हो गई। जब अरविन्द का जहाज सुरक्षित भारत पहुंचा, उनके पिता तब तक जीवित नहीं थे।

सन् 1893 का वर्ष भारत के लिए दो कारणों से महत्वपूर्ण था। भारत को जड़ता से जगाने के लिए जब अरविन्द भारत की भूमि पर कदम रख रहे थे, स्वामी विवेकानन्द भारत से 'मानवता के एकत्व' का संदेश देने के लिए अमेरिका जा रहे थे।

बड़ौदा में

जैसा कि पहले से निश्चित हो चुका था, अरविन्द ने बड़ौदा राज्य में फरवरी में काम करना शुरू कर दिया। उनकी पहली नियुक्ति सर्वेक्षण व्यवस्था विभाग में हुई। बाद में उन्होंने स्टाम्प और राजस्व विभाग में काम किया। कई बार वह गायकवाड़ के निजी सचिव का भी काम करते। वह महाराजा के भाषण लिखते। बड़ौदा राज्य और भारत सरकार के बीच होने वाला मुख्य पत्र-व्यवहार उन्हीं के द्वारा होता था।

सन् 1900 में उन्हें प्रशासन से शिक्षा विभाग में स्थानान्तरित कर दिया गया। वह बड़ौदा कॉलेज में अंग्रेजी के प्रोफेसर की हैसियत से पढ़ाने लगे। वह अंशकालिक रूप से कॉलेज में फ्रेंच भी पढ़ाते थे। उनके छात्र उनका बहुत सम्मान करते थे।

उनके एक छात्र श्री के.एम. मुंशी ने लिखा, "सन् 1902 में जब मैंने मैट्रिक की परीक्षा पास कर बड़ौदा कॉलेज में प्रवेश लिया था तब श्री अरविन्द से मेरी मुलाकात हुई थी। यद्यपि पहले एक बार मुझे उनसे निजी रूप से मिलने का सौभाग्य प्राप्त हुआ था, कॉलेज में अरविन्द की महानता के बारे में फैली

कहानियां सुन कर मेरा मन उनके प्रति श्रद्धा से भर जाता और बहुत विस्मित हो मैं उनकी बातों को सुनता।''

वह बहुत अच्छे वक्ता थे। लोग बहुत तल्लीनता से उनकी बात सुनते। बोलते समय उनके अंगों में कोई हरकत नहीं होंती थी। उनके अन्दर से शब्द बहुत सहजता से बहते थे। उनका यह स्वर मार्धुय ही था जो सबको सम्मोहित कर लेता था।

राजनैतिक जीवन का आरम्भ

जिस समय वह शिक्षा के क्षेत्र में ख्याति प्राप्त कर रहे थे उस समय तक भारतीय राजनीति में उनका हस्तक्षेप भी शुरू हो गया था। यद्यपि, उनकी राजनैतिक गतिविधियां पहले बड़ौदा तक ही सीमित थीं, जल्दी ही वे पूरे देश में फैल गईं, विशेषकर महाराष्ट्र, गुजरात और बंगाल में। वह लेखन द्वारा अपने विचारों को प्रकट करने लगे। उन्होंने मराठी और गुजराती सीखी। संस्कृत उन्होंने अपने आप सीखी।

अपनी मातृभाषा बंगाली सीखने के लिए, अरविन्द ने कलकत्ता के साहित्यकार दीनेन्द्र कुमार राय की सहायता ली। राय ने करीब दो साल तक उनके साथ रहकर उन्हें बंगाली में निपुणता से बातचीत करने के योग्य बनाया। उनके 'अरविन्द प्रसंग' में अरविन्द का उज्ज्वल शब्दचित्र देखने को मिलता है। उनसे पहली बार मिलने के बारे में राय लिखते हैंः ''अरविन्द से मिलने से पहले मैंने उनकी एक तसवीर अपने मन में बना रखी थी। वह लम्बे, हट्टे-कट्टे, सिर से पांव तक पूर्णतया यूरोप के ढंग में सुसज्जित, चश्मा पहने और कड़ी, चुभने वाली दृष्टि से ताकते हुए, कृत्रिम उच्चारण, क्रोधी और असंयमी व्यक्ति होंगे। सच कहूं तो जब मैंने उन्हें देखा तो बहुत निराशा हुई थी। वह तो एक शर्मीले, सांवले रंग के युवक थे, उनकी कोमल आंखों में सपने भरे हुए थे, बीच में से मांग काढ़े उनके लम्बे, मुलायम और गर्दन तक लहराते बाल, उन्होंने शरीर पर मोटी और देशी स्टाइल की जैकेट, और पांव में पुराने रिवाज की नोकदार चप्पल पहनी हुई थी! 'क्या यही श्रीयुत अरविन्द घोष हैं?' मैंने अपने आप से पूछा। 'क्या यही ग्रीक और फ्रेंच साहित्य के महान विद्वान की जीवन्त तसवीर है? कौन यह बात सोच सकता है! कौन इस बात पर विश्वास करेगा?'

अरविन्द ने अपने जीवन के सात सें बीस वर्ष तक के रचनात्मक वर्ष, किसी

भी भारतीय संपर्क के बिना विदेशी भूमि पर गुजारे। इसके बावजूद, उनका दृष्टिकोण व मानसिक रचना पूर्णतया भारतीय थी। वह आत्म-अनुशासित व्यक्ति थे और आत्म-त्यागी सन्यासी की तरह रहना उन्हें अच्छा लगता था। वह कभी-कभी ही हंसते थे, किन्तु जब वह हंसते थे, एक बच्चे की तरह हंसते थे। उन्हें कभी गुस्सा नहीं आता था। वह स्वार्थपरता और सांसारिक महत्वाकांक्षा से परे थे। दीनेन्द्र कुमार राय उनसे बहुत अभिभूत थे। ''मैं उनके साथ रहता था और जैसे ही मुझे उन्हें निकटता से जानने का अवसर मिला मुझे अधिकाधिक यही लगा कि यह मनुष्य इस धरती का मनुष्य नहीं है...''

अरविन्द कर्त्तव्यपरायण पुत्र थे। उन्होंने अपनी विधवा मां और छोटी बहन की देखभाल बहुत अच्छी तरह से की। अन्त तक अपने भाइयों के साथ उन्होंने प्रेमपूर्ण सम्बन्ध बनाये रखे।

मृणालिनी

सन् 1901 में उनका विवाह भूपाल चन्द्र बसु की पुत्री मृणालिनी से हुआ। वह बंगाल में कृषि विभाग में एक उच्च सरकारी अफसर थे। वह उदार विचारों के व्यक्ति थे। अरविन्द की विद्वता और पाण्डित्य के कारण वह उन्हें पसन्द करते थे। विदेश में लम्बे समय तक रहने के बावजूद भूपाल चन्द्र ने अन्य युवकों की अपेक्षा उन्हें अधिक बेहतर समझा था। अरविन्द उस समय उनतीस वर्ष के थे और मृणालिनी चौदह की। उन्हें विश्व विख्यात पति तो मिला लेकिन सुखमय वैवाहिक जीवन नहीं। अधिकतर समय वे अलग-अलग रहे। अरविन्द बड़ौदा में और वह कलकत्ता में। मृणालिनी उनसे कभी-कभी मिलने आती थीं। अरविन्द अपने सम्बन्धियों से दूर रहना पसन्द करते थे। वह कभी भी अपनी मां और बहन के साथ नहीं रहे हालांकि वह उन्हें बहुत चाहते थे। अरविन्द मृणालिनी को भी बहुत चाहते थे। उन्होंने उन्हें पत्र लिखने में और पैसे भेजने में कभी चूक नहीं की।

अरविन्द के अपनी पत्नी को लिखे पत्र बहुत दार्शनिक और उनके आध्यात्मिक अनुभवों से भरे हुए होते। मृणालिनी को लिखे पत्रों में हमें उनके आध्यात्मिक जीवन का पूरा चित्रण मिलता है। मृणालिनी संभवतः उन्हें कभी समझ नहीं पाई। अन्ततः उन्होंने दक्षिणेश्वर के श्री रामकृष्ण की साधुस्वभाव वाली पत्नी मां शारदा से दीक्षा ली। उन्होंने आध्यात्मिक सहारा ढूंढ़ने की कोशिश की। लेकिन वह ज्यादा

दिन तक जीवित नहीं रहीं। विवाह के सत्रह वर्ष बाद सन् 1918 में कलकत्ता में इन्फ्लुएनजा से मृणालिनी की मृत्यु हो गई। इन वर्षों के दौरान अपने भाग्य निर्माता पति से अलग रहने की टीस को बड़ी समझदारी व साहस से सहा।

मां

मृणालिनी को लिखे एक पत्र में, अरविन्द ने अपने तीन पागलपन या मूर्खताओं का जिक्र किया है। पहला पागलपन यह कि उनका यह दृढ़ विश्वास था कि भगवान ने जो गुण, प्रतिभा, ऊंची शिक्षा, विद्या और धन उन्हें दिये हैं, वे सब भगवान के ही हैं। उन्हें अपने ऊपर उतना की खर्च करने का अधिकार है जितना कि जरूरी है। दूसरा, उनके अन्दर भगवान का साक्षात-दर्शन करने की तीव्र इच्छा पैदा हो गई है। तीसरा, उनके अपने शब्दों में, ''दूसरे लोग भारत को देश के बजाय एक जड़ पदार्थ, खेत, खलिहान, मैदान, जंगल, पर्वत और नदी के अतिरिक्त कुछ नहीं मानते। परन्तु वह उसे अपनी मां के रूप में देखते थे। वह उसका आदर करते थे, उसकी पूजा करते थे। पूरा देश मानों उनसे आश्रय और सहायता मांग रहा है कि वह उसे विदेशी जंजीरों से मुक्त कर उसका उद्धार करें। मातृभूमि उनके लिए सब कुछ थी। उन्हें अपने देश के महान अतीत पर गौरव और महानतम भविष्य पर विश्वास था।

अरविन्द घोष ने सन् 1898-99 के दौरान क्रान्ति और क्रान्तिकारी गतिविधियों की तैयारी करनी आरम्भ कर दी थी। कैसे एक पुत्र शान्ति के साथ बैठ सकता है जबकि उसकी मां बंधन में जकड़ी यातना सह रही हो? भारत को स्वतन्त्र होना ही था और अरविन्द घोष को भारत की स्वतन्त्रता के लिए लड़ना था। वह जानते थे, लक्ष्य तक पहुंचने का मार्ग टेढ़ा-मेढ़ा, कटीला और खतरों से भरा हुआ है। उन्हें लक्ष्य की प्राप्ति के लिए अपने निकटतम लोगों और अपने जीवन तक को न्योछावर करने में हिचक नहीं थी।

लक्ष्य की प्राप्ति के लिए अरविन्द का पहला कदम था लेखन के द्वारा जनमत को तैयार करना। उन्होंने भारतीय साहित्य और भारतीय स्वतन्त्रता संग्राम से सम्बन्धित लेखों का गहन अध्ययन किया। उन्होंने बम्बई के 'इन्दुप्रकाश' के लिए लिखना आरम्भ कर दिया। बाद में उन्होंने 'वन्दे मातरम्' नामक पत्र का संपादन किया। इसका वितरण सबसे ज्यादा था। उन्होंने 'धर्म' और 'कर्मयोगी' का भी संपादन किया। कुछ समय के लिए उन्होंने अपने को केवल लेखन तक ही सीमित रखा।

क्रान्ति

कैम्ब्रिज में रहते हुए एक बार पहले भी वह भारतीय छात्रों की एक गुप्त संस्था 'लोटस एंड डैगर' के सदस्य बने थे। वहां उन्होंने क्रान्ति के द्वारा भारत की स्वतन्त्रता प्राप्त करने के लिए छात्रों को संगठित किया।

अरविन्द ने अपने लेखन द्वारा फिर से वही संदेश देना शुरू कर दिया और जल्दी ही वह भारतीय युवाओं का आदर्श बन गये।

उन्होंने उनसे कर्मयोगियों की तरह देश का नेतृत्व करने का आह्वान किया। उन्होंने लिखाः "किसी भी स्वार्थ से परे रहो, करनी और कथनी में सत्य का ध्यान रखो और प्रत्येक चीज के प्रति सतर्क रहो।" उनके अनुसार ये निर्भीक सेवक बने रहने की शर्तें हैं और युवाओं को भारत की सेवा करनी चाहिए। कार्य को शान्तिपूर्ण ढंग से किन्तु विवेक की दृढ़ता से सम्पन्न करना है।

अरविन्द ने लिखाः "दासता से स्वतन्त्रता का अर्थ यह नहीं है कि किसी को कुछ भी करने की स्वतन्त्रता है। जीवन में पूर्णता लाने के लिए आज्ञापालन मुख्य कुंजी है। क्षमाशीलता और सहनशीलता आवश्यक योग्यताएं..."

इतिहास में शायद ही कोई उनके देशभक्ति के विचारों का मुकाबला कर सकता है। वह चाहते थे कि इस समय भारत के युवा सिर्फ भारत मां के बारे में सोचें और बाकी सब कुछ भुला दें।

उन्होंने लिखाः "देश के इतिहास में ऐसा समय आता है जब विधाता उसके आगे एक काम रखता है, एक लक्ष्य रखता है, जिस पर हर चीज चाहे वह कितनी भी महान क्यों न हो, न्योछावर करनी पड़ती है। हमारी मातृभूमि के लिए भी वैसा समय आ गया है, जब उसकी सेवा से अधिक प्रिय कुछ नहीं, जब हर चीज को उसी की ओर अभिमुख होना चाहिए।

"अगर तुम अध्ययन करो तो उसके लिए अध्ययन करो। अपने शरीर, मन और आत्मा को उसकी सेवा के लिए प्रशिक्षित करो, ताकि वह समृद्ध हो, कष्ट सहो, ताकि वह प्रसन्न रह सके।"

उन्होंने युवाओं को काम करना सीखने के लिए अवसर का लाभ उठाने का आह्वान किया। उन्होंने उनसे कार्य, व्यावहारिक निस्स्वार्थ, आज्ञापालन, ईमानदारी, अनुशासन, एकता, धैर्य और सहिष्णुता द्वारा निष्ठा विकसित करने को कहा।

घोष मंच पर आना नहीं चाहते थे। लेकिन घटनाओं ने उन्हें ऐसा बाध्य किया कि उन्हें मंच पर आना ही पड़ा।

उन्होंने कहा कि मैंने पश्चिम के राजनैतिक दर्शन के सिद्धांतों को अपनाया है और उनको वेदान्त की अमर शिक्षा व भारतीय दर्शन की सर्वोच्च शिक्षाओं के साथ सम्मिलित करने में सफल हुआ हूं। उनके अनुयायियों की संख्या बढ़ती जा रही थी। कभी-कभी विरोध का विस्फोट होता। देश में नई चेतना का प्रादुर्भाव हुआ। चारों तरफ से वन्दे मातरम् की आवाज गूंजने लगी।

तब तक घोष ने गुप्त क्रान्तिकारी सभायें बना ली थीं। बंगाल में अनेक केन्द्र चल रहे थे। उन्होंने उनसे शपथ लेने को कहा, 'वे किसी भी कीमत पर भारत मां की स्वतन्त्रता प्राप्त करेंगे।' युवा पीढ़ी में पहले से ही क्रान्ति का जोश भड़क चुका था।

उन्हें इस बात पर संदेह था कि गुप्त संस्थायें अकेले शायद ही कुछ कर पायेंगी। सफलता पाने के लिए जन-चेतना अनिवार्य थी। देश में अशिक्षा के कारण समाचारपत्रों का प्रचार करना काफी नहीं था।

उनके दिमाग में रैली संगठन करने का विचार आया और कलकत्ता में 9 नवम्बर सन् 1905 में एक विशाल रैली हुई। इस बीच घोष के वन्दे मातरम् को प्रशंसा मिल चुकी थी। वह सबके लिए एक आश्चर्य था।

भारत में ब्रिटिश सरकार अब और देर तक राष्ट्रवादी लहर को एक मूक दर्शक की तरह नहीं देख सकती थी। 'वन्दे मातरम्' पर मुकदमा चलाया गया। उसके संपादक की हैसियत से घोष पर राजद्रोह का प्रचार करने का आरोप लगाया गया। मगर, उन्हें प्रमाण के अभाव में विमुक्त कर दिया गया। वन्दे मातरम् द्वारा स्वराज्य पर बल दिया जा रहा था।

इस समय तक सरकार ने स्वदेशी स्वयंसेवकों में आतंक फैलाना शुरू कर दिया था। सिर्फ 'वन्दे मातरम्' गाने पर ही बेंत से मारने की सजा दी जाती थी। जेल में जबर्दस्ती डाल देना, वहां पर अमानवीय अत्याचार करना, आम बात थी। परिणाम-स्वरूप, आतंकवाद के रूप में प्रतिशोध की भावना अनिवार्य रूप से उत्पन्न हुई।

घोष आतंकवाद के विरुद्ध थे, हालांकि उनके दिमाग में एक खुली सशस्त्र क्रान्ति का विचार हमेशा व्याप्त रहता था। कलकत्ता की माणिकतल्ला वाटिका में उनकी कुछ सम्पत्ति थी। उनके छोटे भाई बारीन ने वहां युवा क्रान्तिकारियों को प्रशिक्षण देने का एक केन्द्र खोला था। इसके अतिरिक्त वहां क्रान्तिकारी विचारों और गीता का अध्ययन एवं बम बनाना भी उनके कार्यक्रम में शामिल था। वे वहां पर चिन्तन भी किया करते थे।

अलीपुर का मुकदमा

इस दौरान, कुछ क्रान्तिकारियों ने किंग्सफोर्ड की हत्या करने का प्रयास करते हुए, जो कलकत्ता के एक प्रेसीडेंसी मजिस्ट्रेट थे, गलती से मिसेज केनेडी और उनकी पुत्री की गाड़ी पर बम फेंक दिया। दोनों निर्दोष स्त्रियां मर गईं। इस घटना से घोष बहुत अशांत हो गये। उन्होंने अपने अनुयायियों को स्पष्ट शब्दों में कह दिया कि वह हत्या के विरुद्ध हैं।

इस बीच पुलिस की छानबीन बढ़ गई थी। 2 मई सन् 1908 को घोष के माणिकतल्ला वाले घर पर छापा मारा गया। बारीन, जो वहां केन्द्र चला रहा था, अपने साथियों के साथ पकड़ा गया। ये सारे युवा अत्यन्त शिक्षित व प्रतिष्ठित परिवारों से थे। पुलिस उन्हें किसी भी हालत में छोड़ना नहीं चाहती थी। पुलिस को माणिकतल्ला केन्द्र से बम, रिवाल्वर, गोला-बारूद, एसिड जैसी खतरनाक चीजें मिली थीं।

घोष को उनके ग्रे स्ट्रीट वाले घर में गिरफ्तार कर लिया गया। उन्हें पहले लाल बाजार पुलिस स्टेशन ले जाया गया और फिर 5 मई सन् 1908 को उन पर मुकदमा चलाने के विचार से जेल में डाल दिया गया।

कलकत्ता के प्रतिष्ठित बैरिस्टर, चित्तरंजन दास ने घोष की तरफ से मुकदमा लड़ने का प्रस्ताव रखा। प्रसिद्ध 'अलीपुर बम केस' का मुकदमा शुरू हो गया। घोष द्वारा स्वयं तैयार किये गये वक्तव्य के कुछ अंश सी.आर. दास ने अदालत में पेश किये। घोष ने कहा, "मेरा सम्पूर्ण मुकदमा आपके सामने है। अगर यह कहा जाता है कि मैंने अपने देश की स्वतन्त्रता के आदर्श का उपदेश दिया है जो कानून के विरुद्ध है तो मैं अपराध स्वीकार करता हूं। अगर स्वतन्त्रता के आदर्श का उपदेश देना अपराध है तो मैंने यह किया है, मैं स्वीकार करता हूं। मैंने इस पर कभी विवाद नहीं किया है... मुझे लगता है कि मुझे अपने देश को उपदेश देने के लिए बुलाया गया है ताकि मैं यह महसूस करा सकूं कि राष्ट्रों से सौहार्द के लिए भारत के पास एक लक्ष्य है।"

भविष्यवाणी

सबको यही भय था कि अन्तिम निर्णय मृत्युदण्ड के रूप में ही होगा। लेकिन मुकदमे के अन्तिम दिन 5 मई सन् 1909 को सी.आर. दास के प्रेरणाप्रद

प्रस्तुतिकरण ने दर्शक, जूरी और जज सबको जीत लिया। अपने सशक्त भाषण में उन्होंने कहा: ''इस वाद-विवाद के शान्त हो जाने के बाद, इस हलचल के बहुत बाद, जब यह आन्दोलन समाप्त हो चुका होगा, इनके मर जाने के बाद भी लोग इन्हें देश-प्रेम के कवि, राष्ट्रीयता के देवदूत और मानव जाति के प्रेमी के रूप में स्मरण करेंगे।

''इनके मरने के बहुत अरसे बाद इनके शब्द केवल भारत में नहीं, सुदूर देशों और सागरों के पार गुंजित और अनुगुंजित होते रहेंगे। इसलिए मैं चाहता हूं कि उनके स्तर का मनुष्य केवल इस न्यायालय के सामने ही नहीं बल्कि इतिहास के उच्चतम न्यायालाय के आगे खड़ा होगा।''

घोष को निर्दोष पाया गया और मुक्त कर दिया गया। छूटने के बाद, उनमें बहुत परिवर्तन आ गया। जेल में रहते हुए, उनकी आत्मा यह जान गई थी कि भारत को स्वतन्त्रता अवश्य मिलेगी। उन्हें अब अपने को सम्पूर्ण मानव जाति की स्वतन्त्रता की सेवा में लगाना चाहिए। उनकी दूरदृष्टि उन्हें शान्ति और प्रेम के पथ की ओर बढ़ने का संकेत कर रही थी।

सरकार फिर भी उनके पीछे पड़ी हुई थी। घोष के प्रति उनका रवैया बंगाल के उपराज्यपाल लार्ड मिन्टो की बात से स्पष्ट रूप से दृष्टिगोचर होता है... ''यह सबसे खतरनाक आदमी है, जिसका हमें ध्यान रखना है...''। वस्तुतः ब्रिटिश सरकार घोष से छुटकारा पाने के लिए दृढ़संकल्प थी।

इसलिए, अपने कई मित्रों और स्वामी विवेकानन्द की शिष्या निवेदिता जैसे शुभचिन्तकों की सलाह पर घोष ने ब्रिटिश भारत छोड़ कर फ्रांसिसी उपनिवेश में रहने का निश्चय किया। पहले वह चन्दरनगर (बंगाल) गये और वहां से सक्रिय राजनीति से विदाई लेकर पॉण्डीचेरी चले गये। वह 14 अप्रैल सन् 1910 को पॉण्डीचेरी पहुंचे।

भारतीय राजनैतिक पटल से उनके चले जाने की बात के साथ सामंजस्य करने में उनके बहुसंख्यक अनुयायियों और प्रशंसकों को बहुत समय लगा। पॉण्डीचेरी से वापिस आने के लिए उनसे बहुत प्रार्थना की गई। उन्होंने सोचा, उनके बिना भारतीय पुनरुज्जीवन निस्सन्देह अपना मार्ग खो बैठेगा।

प्रसिद्ध राष्ट्रीय कवि, सुब्रह्मण्य भारती उन लोगों में से एक थे जिन्होंने उनका स्वागत किया। फिर अरविन्द के सहयोगियों के रूप में वी. रामास्वामी अयंगार, वी.वी.एस. अय्यर जैसे बुद्धिजीवी, क्रान्तिकारी विद्वान भी आये। मानवता के प्रति प्रेम व शान्ति की चेतना जीवन पर्यन्त उनके साथ जुड़ी रही।

साधना

भारत की स्वतन्त्रता और कल्याण एवं समस्त मानव जाति के उत्थान के लिए उनकी गहन आध्यात्मिक यात्रा—साधना, शुरू हो गई। पॉण्डीचेरी के मनीषी संसार में अब श्री अरविन्द के नाम से प्रसिद्ध हो गये।

श्री अरविन्द ने अपने एक मित्र को लिखाः "मैंने राजनैतिक क्षेत्र में प्रवेश किया और सन् 1903 से सन् 1910 तक केवल एक लक्ष्य के साथ उसी में लगा रहा। वह लक्ष्य था लोगों के मन में स्वाधीनता के लिए इच्छा शक्ति और उसे प्राप्त करने के लिए संघर्ष की आवश्यकता को जगाना। यह अब हो चुका है... इच्छाशक्ति तो है और काफी सारे बलवान और योग्य नेता उसका पथ-प्रदर्शन करने के लिए हैं। मैं समझता हूं... अगर देश आज का मिजाज बनाए रखे और मुझे विश्वास है कि यह बना रहेगा, तो निस्सन्देह देश के आत्म-निर्णय का संकल्प विजयी होगा। मैं जिस चीज में व्यस्त हूं, वह यह प्रश्न है कि वह अपने आत्म-निर्णय को लेकर करेगा क्या? वह अपनी स्वाधीनता का क्या उपयोग करेगा, वह अपने भविष्य का निर्णय किस दिशा में करेगा।"

अगर भारत बिना मानसिक तैयारी के मार्ग पर बढ़ेगा तो वह अवश्य ही राह पर लड़खड़ायेगा। अपने योगदान के बारे में उन्होंने कहा, "इस विषय पर मैंने कुछ आदर्श और निश्चित विचार बनाये हैं जिनका वर्तमान अवस्था में बहुत ही कम लोग अनुसरण करेंगे..."

उनके बन्धुत्व के सिद्धांत ने समस्त राष्ट्रों के नागरिकों को एकत्र कर दिया था। वह रंग, जाति और धर्म से परे था। श्री अरविन्द विकास की प्रक्रिया में विश्वास करते थे, "जो मनुष्य को उच्च और विस्तृत चेतना के स्तर तक पहुंचा दे और उन समस्याओं का समाधान ढूंढ़ना शुरू कर दे जिन्होंने उसे तब से दुविधा और परेशानी में डाल रखा है जब से उसने व्यक्तिगत सम्पूर्णता और एक बेहतर समाज के बारे में सोचना और सपने लेना शुरू किया है।"

उनकी नजरों में मनुष्य चरम सत्य नहीं है। वह मानते थे, "जीवन का कोई अन्य स्तर भी अवश्य होगा... आदमी के साथ मानसिक शक्ति का युग आया, ऐसी शक्ति जो ऊंचे बहुत ऊंचे पहुंचती गई और शिखर को छू लिया। अब इस शिखर को पार कर चरम सत्ता को प्राप्त करने का समय आ गया है।"

श्री अरविन्द ने अपने महान महाकाव्य 'सावित्री' में इस रहस्यात्मक भविष्यवाणी का वर्णन करने की कोशिश की है। इस महाकाव्य को लिखने में उन्हें चार

दशकों से भी ज्यादा समय लग गया। उन्होंने इस पर सन् 1899 में काम करना शुरू किया था। यह सन् 1954 में प्रकाशित हुआ। उन्होंने लिखाः

प्रकृति के ज्योतिर्मय शिखर पर,
आध्यात्मिक धरातल पर
एक पराक्रमी जाति मानव के संसार में वास करेगी
अतिमानव जीवन के राजा के रूप में शासन करेगी
और पृथ्वी को बिलकुल स्वर्ग जैसा बना देगी।

श्री अरविन्द की विचारधारा में, 'दि मदर' माताजी, एक फ्रेंच महिला, मीरा रिचर्ड, ने महत्वपूर्ण भूमिका निभाई। उनका जन्म सन् 1878 में हुआ था। वह 29 मार्च सन् 1914 में श्री अरविन्द से मिलीं। अगले दिन उन्होंने अपनी डायरी में लिखाः "इससे कोई फर्क नहीं पड़ता अगर हजारों लोग घने अज्ञान में डूबे हुए हैं। जिन्हें कल हमने पृथ्वी पर देखा था, उनका होना ही यह प्रमाणित करने के लिए काफी है कि एक दिन ऐसा आयेगा जब अंधकार रोशनी में परिवर्तित हो जायेगा, जब वस्तुतः उनका शासन पृथ्वी पर स्थापित हो जायेगा।"

प्रथम विश्व युद्ध छिड़ने के तुरन्त बाद वह वापस फ्रांस चली गईं। फिर वह सन् 1920 में पॉण्डीचेरी में स्थाई रूप से बसने के लिए लौट आईं।

सन् 1926 में श्री अरविन्द ने बाहरी दुनिया से बिलकुल नाता तोड़ अवकाश ग्रहण कर लिया। जिन लोगों का विकास स्वतः अरविन्द के इर्द-गिर्द हो रहा था, उसे उन्होंने माताजी के सिपुर्द कर दिया। उनका आदर्श था कि यह लोग सन्यासी न बनें वरन उच्चतर आध्यात्मिक चेतना की ओर विकास करें। माताजी के प्रोत्साहन ने पॉण्डीचेरी केन्द्र को इस आदर्श के साथ बढ़ने में मदद की।

साहित्यिक रचनायें

पॉण्डीचेरी में, अपने आध्यात्मिक जीवन के अतिरिक्त, श्री अरविन्द साहित्यिक गतिविधियों में डूबे रहे। साहित्यिक जाग्रति दूर-दूर तक फैल गई और कवि सुब्रह्मण्य भारती इस केन्द्र का आधार बन गये। भारती की महान रचनाएं, जिसमें 'पांचाली शपथम्' भी शामिल थी, पॉण्डीचेरी में रहते हुए ही लिखी गई। भारती की अमर कविताओं में आध्यात्मिकता दृष्टिगोचर होती है।

श्री अरविन्द की लेखनी में उर्वरता थी। उन्होंने लेखों के संपादन और लेखन से कार्य शुरू किया था, जो राष्ट्र को स्वतन्त्रता के लिए संघर्ष करने को प्रेरित

करते थे। बड़ौदा और कलकत्ता में अनेक दैनिक समाचार पत्र और पत्रिकाओं के संपादन के अतिरिक्त, पॉण्डीचेरी में उन्होंने अगस्त सन् 1914 में एक दार्शनिक मासिक पत्रिका 'आर्य' का प्रकाशन शुरू किया। उनकी समस्त मुख्य रचनाएं इसमें धारावाहिक रूप में प्रकाशित हुईं।

उनकी राष्ट्रीयता पर पुस्तकें, उनके वेद और उपनिषदों पर शोध-प्रबन्ध, भगवद्गीता पर उनकी व्याख्या, लाइफ डिवाइन, सुपरमैन, आइडियल ऑफ ह्यूमन यूनिटी जैसी महान गद्य रचनाएं, उनकी साहित्यिक आलोचनाएं, कविताएं, नाटक, जिसमें सावित्री जैसा महाकाव्य भी शामिल है, ने उन्हें उच्च स्तर का साहित्यकार बना दिया।

श्री अरविन्द ने बंगाली और संस्कृत में लिखी अनेक कविताओं और नाटकों का भी अनुवाद किया।

उनके साहित्यिक लेखन में उनके प्रशंसकों, शिष्यों और अनुयायियों को लिखे पत्रों ने महत्वपूर्ण भूमिका निभाई है।

सावित्री के विषय में उन्होंने कहा, "मैंने सावित्री का उपयोग आरोहण के रूप में किया है। मैंने इसे एक निश्चित मानसिक स्तर के साथ आरम्भ किया। हर बार जब मैं उच्च स्तर तक पहुंच सका, मैंने उस स्तर से दुबारा लिखा।" वस्तुतः सावित्री निस्सन्देह एक आख्यान है, एक प्रतीक जो हमें भविष्यवाणी के रूप में संदेश देता है। यह रहस्योद्घाटन है, शाश्वत की एक खोज। श्री अरविन्द के लिए, सावित्री उनके देखने और अनुभव का एक अभिलेख है जो सामान्य नहीं है।"

उनके एक घनिष्ठ शिष्य के.डी. सेठना के शब्दों में "कवि होने के साथ-साथ वह योग के शिक्षक भी हैं जिसका काम है मस्तिष्क को प्रकाश दिखाना, जिससे सम्पूर्ण विश्व राजनैतिक व सामाजिक अत्याचारों की ही नहीं वरन मानसिक अज्ञानता की बेड़ियों को तोड़ कर ईश्वर की ओर बढ़े।"

श्री अरविन्द ने कहा, "ईश्वरीय चेतना में विकास करना हमारे योग का सम्पूर्ण अर्थ है, एक अनिवार्य मन-परिवर्तन।" उनका योग संश्लेषणात्मक है। हमारे जीवन के उच्चतम सिद्धांत अन्दर ही दबे रहते हैं। उन्हें अंधकार से बाहर लाने में सम्पूर्ण योग हमारी मदद करेगा। प्रकाश, चेतना, शक्ति, सम्पूर्णता, सौन्दर्य और प्रेम और विवेक लगातार प्रयासों से धीरे-धीरे विकसित होता है।

श्री अरविन्द घोषित करते हैं:

"फिर भी सत्य की वृद्धि हो और एकता बढ़े

एक ऐसा दिन आये

जब मनुष्य एक-दूसरे को घनिष्ठ व एक समझे...''

भारत के पहले स्वतन्त्रता दिवस के अवसर पर दिये गये श्री अरविन्द के संदेश का यही सार है:

''15 अगस्त सन् 1947 स्वाधीन भारत का जन्म दिवस है। यह दिन भारत के लिए पुराने युग की समाप्ति और नये युग का आरम्भ सूचित करता है। परन्तु हम स्वतन्त्र राष्ट्र को अपने जीवन और कार्यों के द्वारा सम्पूर्ण विश्व के लिए एक नये युग का एक महत्वपूर्ण दिन बना सकते हैं जिसे मानव जाति के राजनैतिक, सामाजिक, सांस्कृतिक व आध्यात्मिक भविष्य के निर्धारण में एक बड़ी भूमिका निभानी है।

''15 अगस्त मेरा अपना जन्मदिवस है और वह स्वाभाविक रूप से मेरे लिए संतोष की बात है कि इसने इतना विशाल महत्व प्राप्त कर लिया है। मैं इस संयोग को कोई दैवयोग नहीं मानता, बल्कि यूं मानता हूं कि जिस कार्य को लेकर मैंने अपना जीवन आरम्भ किया था, उसे मेरा पथ प्रदर्शन करने वाली भागवत शक्ति ने अपनी अनुमति दे कर उस पर अपनी मुहर लगा दी है। निस्सन्देह, आज के दिन मैं प्रायः उन सभी विश्व आन्दोलनों को, जिन्हें मैंने अपने जीवन काल में ही सफल होते देखने की आशा की है, पर जो उस समय असम्भव व स्वप्न जैसे ही दिखाई देते थे, सफलता के निकट पहुंचते देख सकता हूं या वे अपनी सफलता की ओर बढ़ रहे हैं। इन सब गतिविधियों में स्वाधीन भारत एक विस्तृत भूमिका निभायेगा और एक अग्रणी स्थान ग्रहण करेगा।

''ये हैं भाव और भावनाएं जिन्हें मैं भारतीय स्वाधीनता की इस तिथि के साथ सम्बद्ध कर सकता हूं। क्या यह घटनाक्रम पूरा होगा या कहां तक या कितनी शीघ्र पूरा होगा यह बात इस नये और स्वाधीन भारत पर निर्भर करती है।''

5 दिसम्बर सन् 1950 की सुबह को श्री अरविन्द ने देह त्याग दी। चार दिन से ज्यादा उनका शरीर स्वर्गिक ज्योति से आलोकित रहा। उनके पार्थिव शरीर को 9 दिसम्बर सन् 1950 को 'महासमाधि' दे दी गई।

मां जो उनके साथ रहती और कार्य करती थी, उनकी शिष्या की तरह थीं, ने यह कह कर विश्व को सान्त्वना दी: ''श्री अरविन्द हमें छोड़ कर कहीं नहीं गये हैं। यदि हम महसूस करें तो वह हमारे बीच सदा की तरह जीवित और उपस्थित हैं। यह काम हमारा है कि हम उनके कार्यों को पूरी उत्सुकता, निष्ठा और एकाग्रचित होकर पूरा करें।''

वल्लभभाई पटेल

सरोजिनी सिन्हा

अनुवादः सुमन जैन

"प्रशासन के भविष्य की व्यवस्था और समाज के संगठन के विवाद में पड़कर मैं एक दिन के लिए भी अपने कर्त्तव्यों से विमुख नहीं होना चाहता। अगर हम प्रत्येक दिन के कार्यों को पूरा कर लें तो आने वाले कल की समस्या का प्रश्न अपने आप सुलझ जायेगा। किन्तु अगर हम रोज का कार्य न करके भविष्य के ऊपर लड़ेंगे तो इससे किसी भी पार्टी का फायदा न होगा।"

वल्लभभाई पटेल

वल्लभभाई पटेल

वल्लभभाई पटेल का जन्म 31 अक्तूबर 1875 में एक किसान परिवार में गुजरात के नडियाद जिले में हुआ। उनके पिता झवेरभाई, झांसी की रानी की सेना में थे और ब्रिटिश सरकार के विरुद्ध लड़े थे। उनके पुत्रों ने देशभक्ति का पाठ अपने पिता से ही पढ़ा था।

वल्लभभाई और उनके भाई, पिता के साथ अपने खेतों में काम करने जाते थे। सात किलोमीटर का रास्ता पैदल तय करने के दौरान, उनके पिता उन्हें आसान गणित और गुणा के पहाड़े सिखाते। इससे महत्वपूर्ण बात यह है कि उन्होंने अपने बच्चों को ईमानदार, सच्चा और भयरहित बनने की शिक्षा देकर उनका चरित्र निर्माण करने में सहायता की। उनकी माता लाडबाई धार्मिक महिला थीं। अपने बच्चों का चरित्र और गुणों को अधिक विकसित करने में उन्होंने महत्वपूर्ण भूमिका निभाई।

आरंभ से ही वल्लभभाई की नेतृत्वशक्ति और संकल्प की विशेषताएं स्पष्ट रूप से दिखाई देने लगी थीं। गांव के जिस स्कूल में वल्लभभाई जाते थे, उसका एक अध्यापक बहुत सख्त और गुस्सेवाला था। एक बार उन्होंने एक बच्चे पर जुरमाना लगाकर उसे कक्षा से बाहर निकाल दिया जबकि छात्र गरीब था और जुरमाना नहीं दे सकता था। छात्रों को यह बात अन्यायपूर्ण लगी।

वल्लभभाई के नेतृत्व में उन्होंने हड़ताल कर दी। हड़ताल बहुत सफल रही। तीन दिन बाद हैडमास्टर ने अध्यापक की ओर से क्षमा मांगी। उन्होंने वल्लभभाई और अन्य छात्रों को यह आश्वासन दिया कि किसी भी छात्र को बिना अपराध के दण्ड नहीं दिया जायेगा।

मिडिल स्कूल पास करने के बाद, अपने बड़े भाई विठ्ठलभाई का अनुसरण करते हुए वल्लभभाई ने अंग्रेजी सीखने का निश्चय किया। गांव में कोई अंग्रेजी स्कूल न होने के कारण वल्लभभाई निकट के शहर में अंग्रेजी पढ़ने के लिए जाने लगे। उन्होंने और अन्य छह लड़कों ने एक छोटा-सा घर किराए पर लिया और वल्लभभाई ने उसे एक सहकारी रूप से संगठित कर यह तय किया कि सारे लड़के घर के काम में हिस्सा लेंगे।

पेटलाड के उच्च विद्यालय में, वल्लभभाई ने अपनी संगठित करने की क्षमता का प्रदर्शन किया जो बाद में उनके जीवन का प्रतीक बनी।

उनके एक अध्यापक जो विद्वान और सम्मानित तो थे, किन्तु बहुत गरीब थे, स्थानीय नगर पालिका समिति के चुनावों के लिए खड़े हुए। उनका विपक्षी बहुत अमीर व्यवसायी था जिसको अपनी विजय का पूरा विश्वास था। वल्लभभाई मानते थे कि अध्यापक अधिक अच्छे उम्मीदवार हैं। लेकिन वह यह भी जानते थे कि जीतने के लिए अध्यापक के पास साधन नहीं है, इसलिए उन्होंने अपने साथी छात्रों को चुनाव अभियान के लिए काम करने को प्रेरित किया। उनके कठोर परिश्रम और निष्ठा ने मतदाताओं को इतना प्रभावित किया कि उन्होंने अध्यापक को चुन लिया। चुनाव में मिली जीत ने वल्लभभाई की संगठन क्षमता की झलक दिखाई। उन्होंने नडियाद हाईस्कूल से सन् 1897 में मैट्रिक की परीक्षा पास की।

सोलह वर्ष की आयु में वल्लभभाई का विवाह झवेरबाई से हुआ। उनकी पुत्री, मणीबेन का जन्म अप्रैल सन् 1904 में और पुत्र, दयाभाई का जन्म सन् 1905 में हुआ। जनवरी सन् 1909 में झवेरबाई का देहान्त हो गया।

अगस्त सन् 1910 में कानून की पढ़ाई करने के लिए वह इंग्लैंड रवाना हो गये। सन् 1913 में बैरिस्टर की डिग्री प्राप्त करने के बाद वल्लभभाई ने अहमदाबाद में प्रैक्टिस आरंभ की। योग्य और परिश्रमी होने के कारण वह खूब धन कमा रहे थे। वह बेहतरीन विदेशी कपड़े पहनते और उन्होंने फैशनेबल गुजरात क्लब में प्रवेश ले लिया। उन्होंने मन ही मन सफल बैरिस्टर बनने का दृढ़ संकल्प किया था।

लेकिन महात्मा गांधी के प्रभाव में आने के बाद सब कुछ बदल गया।

गांधी का आगमन

एक शाम, महात्मा गांधी गुजरात क्लब में व्याख्यान देने आये, पर वल्लभभाई और उनके साथियों को, जो ब्रिज खेल रहे थे, इसमें कोई दिलचस्पी नहीं थी। महात्मा गांधी बार-बार आये। आखिरकार उन्होंने उनका व्याख्यान सुना।

महात्मा गांधी ने आत्मशक्ति, अहिंसा और सत्याग्रह के बारे में कहा। सत्याग्रह की उन्होंने ऐसे आन्दोलन के रूप में व्याख्या की जो न्याय को विरोध एवं सच्चाई और प्रेम के साथ जीतने का प्रयास करता है। वह चाहते थे कि भारतीय ब्रिटिश सरकार और उसके अन्याय का विरोध अहिंसात्मक ढंग से करें। लेकिन हम अन्तिम सांस तक अपनी पूरी शक्ति के साथ, उस नये अस्त्र सत्याग्रह के साथ लड़ेंगे, जिसे गांधीजी ने दक्षिण अफ्रीका में चलाया था अर्थात अंहिसात्मक विरोध।

वल्लभभाई महात्मा गांधी के विचारों, नम्रता और निष्ठा से इतने प्रभावित हुए कि वह उनके अनुयायी बन गये।

महात्मा गांधी और वल्लभभाई की मित्रता हमारे राजनैतिक संघर्ष के लिए महत्वपूर्ण सिद्ध हुई।

वल्लभभाई ने गांधीजी की योजनाओं को कार्यान्वित करने के लिए, अस्पृश्यता के विरुद्ध अभियान तीव्र करने के लिए और खादी व गांव के उद्योगों जैसे राष्ट्र-निर्माण की गतिविधियों व सृजनात्मक कार्यों के लिए धन एकत्र किया। उन्होंने कांग्रेस को एक शक्तिशाली प्रक्रिया के साधन के रूप में संगठित करने का बीड़ा उठाया। गांधी द्वारा चलाये राष्ट्रीय आन्दोलन को सफल बनाने में उनके कार्यों ने बहुत सहयोग दिया।

महात्मा गांधी और वल्लभभाई के आपसी सम्बन्ध एक गुरु और निष्ठावान शिष्य के थे। शिष्य के मन में गुरु के प्रति श्रद्धा और सम्मान का भाव था जिसके बदले में उन्हें गुरु से प्रेम और स्नेह मिला।

खेड़ा में

महात्मा गांधी और वल्लभभाई पटेल दोनों के सम्बन्ध तब और अधिक घनिष्ठ हो गये जब महात्मा गांधी सन् 1917 में गुजरात सभा के राष्ट्रपति और वल्लभभाई उसके सचिव चुने गए।

सन् 1918 में खेड़ा जिले के किसानों ने गुजरात सभा से अपनी कठिन

परिस्थिति में उनसे सहायता की प्रार्थना की। भारी वर्षा और बाढ़ ने उनकी फसल, पशु और चारे को नष्ट कर दिया था और वे स्वयं को भूमि कर चुकाने में असमर्थ पा रहे थे। खेड़ा के किसानों की ओर से वल्लभभाई ने सरकार के समक्ष भूमि कर एकत्र करने को स्थगित करने के लिए आवेदन पत्र दिया। सरकार ने उनकी प्रार्थना को अस्वीकार कर दिया।

किसान सरकार की अन्यायपूर्ण मांग के सामने न झुकने को दृढ़ संकल्प थे। वल्लभभाई ने उन्हें संघर्ष करने के लिए संगठित किया। उनके मार्गदर्शन में, गांधी के विचारों के अनुसार किसानों ने शान्तिपूर्वक ढंग से कर न देने का अभियान शुरू कर दिया। उन्होंने किसानों को सलाह दी कि भूमि कर न चुकायें और अगर सरकार उनके विरुद्ध कोई कदम उठाये तो वे शान्त रहें। उनका विश्वास जीतने के लिए और यह जतलाने के लिए कि वह भी उनमें से एक हैं, वल्लभभाई ने पश्चिमी वस्त्रों का त्याग कर, धोती, कुरता और टोपी अपना ली। वह किसानों के साथ बैठते और जो भी खाना उनकी स्त्रियां परोसतीं खा लेते।

किसान भूमि कर न देने की बात पर अड़े रहे। सरकार ने उनकी भूमि, भैंस और पशुओं को जब्त कर लिया। जिस कारण उन्हें बहुत कष्ट झेलने पड़े। मुश्किलों के होते हुए भी उन्होंने हार नहीं मानी। उनके दृढ़ संकल्प ने सरकार को अपनी अन्यायपूर्ण मांग छोड़ देने को बाध्य कर दिया।

जीत

वल्लभभाई की संगठन क्षमता के कारण खेड़ा संघर्ष सफल हुआ था। गांधीजी ने कहा वल्लभभाई के बिना शायद यह अभियान सफल नहीं हो पाता। उनके अनुसार शिष्य ने इस कार्य में गांधीजी के सत्याग्रह के सिद्धान्त का इस्तेमाल करके विजय प्राप्त की थी। गुरु और शिष्य के बीच का सम्बन्ध और मजबूत हो गया। गुजरात के सामने एक नया और व्यावहारिक नेता उभर कर आया।

खेड़ा में सफलता प्राप्ति के बाद, वल्लभभाई जनता के मामलों में अधिक सक्रिय रूप में रुचि लेने लगे। उन्होंने अहमदाबाद नगर पालिका समिति के चेयरमैन की हैसियत से काम किया और महात्मा गांधी से अपने कार्यों के लिए प्रशंसा पाई। उन्होंने सन् 1919 में गांधीजी द्वारा चलाये असहयोग आन्दोलन में भी हिस्सा लिया।

ध्वज सत्याग्रह

राष्ट्रीय ध्वज ले जाते हुए एक जलूस को रोकने के विरुद्ध वल्लभभाई ने नागपुर झंडा सत्याग्रह (मई-अगस्त 1923) में भाग लिया। चंदा इकट्ठा करने व सहयोग प्राप्त करने में उन्होंने महत्वपूर्ण भूमिका निभाई। 18 अगस्त को, सरकार को सूचना देने के बाद, उन्होंने राष्ट्रीय ध्वज के साथ सफलतापूर्वक जलूस निकाला।

गांधीजी से प्रभावित हो वह भी चरखे पर सूत कातने लगे और दूसरों को भी सृजनात्मक कार्य में हिस्सा लेने के लिये कहा। उन्होंने विदेशी वस्तुओं का बहिष्कार करने में हिस्सा लिया और लोगों से कहा कि वे अपने विदेशी कपड़ों की सार्वजनिक रूप से होली जलायें। उन्होंने अपनी टोपी और जैकेट को आग में फेंककर एक उदाहरण कायम किया।

वल्लभभाई के बड़े भाई विट्ठलभाई ने, महात्मा गांधी का अन्ध अनुयायी कह कर उनका मजाक उड़ाया। विट्ठलभाई पहले ही राजनैतिक जीवन में प्रवेश कर चुके थे। दोनों भाइयों के बीच बहुत ज्यादा स्नेह और एक-दूसरे को समझने की भावना थी क्योंकि दोनों ही राष्ट्रवादी थे और देश की स्वाधीनता के लिए काम कर रहे थे यद्यपि उनके रास्ते भिन्न थे। महात्मा गांधी का अनुयायी होने के कारण वल्लभभाई ने असहयोग और सत्याग्रह, चरखा कातना और विदेशी वस्तुओं के बहिष्कार को अपनाया जबकि विट्ठलभाई, मोतीलाल व चितरंजन दास के नेतृत्व में स्वराजिस्ट पार्टी में शामिल हो गये और संवैधानिक तरीकों से सरकार से लड़ने के लिए केन्द्रीय विधान सभा में प्रविष्ट हुए।

बारडोली

सन् 1928 में वल्लभभाई पटेल ने बारडोली में, जो उस समय सूरत जिले का हिस्सा था, कर न देने का अभियान संगठित किया जिसने उन्हें समस्त भारत में प्रसिद्ध कर दिया। सरकार ने भूमि कर बढ़ा दिया था और वल्लभभाई ने किसानों को सलाह दी कि वे इस अनुचित बढ़ोतरी का भुगतान न करें। उन्होंने अपना आवास बारडोली में ही बना लिया। वह लोगों की झोंपड़ियों में उनके साथ ही खाते पीते वहीं रहने लगे। उन्होंने लोगों को गांधीजी के शान्तिपूर्ण सत्याग्रह के बारे में बताया और अहिंसा के महत्व के बारे में समझाया। और

कहा यदि वे बिना क्रोध और किसी दुर्भावना के अपने दृष्टिकोण या लक्ष्य पर डटे रहेंगे तो इससे उन्हें शक्ति प्राप्त होगी।

किसानों ने कर देने से मना कर दिया और सरकार ने उनकी भूमि, पशु और अन्य सम्पत्ति को जब्त कर लिया। बहुत बड़ी संख्या में किसानों को गिरफ्तार करके जेल में डाल दिया गया। मगर उन्होंने आत्मसमर्पण करने से इनकार कर दिया। उनकी यातना इतनी बढ़ गई कि अस्सी हजार से अधिक पुरुष-महिला और बच्चों ने बारडोली छोड़ दी और वे सरकार के आतंक से बचने के लिए निकट के बड़ौदा राज्य में चले गये।

पीछे रह गये लोग मुकाबला करते रहे। सरकार ने किसानों को डराने के लिए खूंखार से दिखने वाले पठानों को कर उगाहने के लिए नियुक्त किया। लेकिन यह तरकीब भी काम न आई। कुछ किसानों ने कर दिया, किन्तु अन्य गांववालों ने उनका बहिष्कार कर दिया और उनके साथ कोई भी सामाजिक सम्बन्ध रखने से इनकार कर दिया। उन्होंने सरकारी कर्मचारियों का भी बहिष्कार किया और यह कहा कि वे उनको तब तक दूध, सब्जी और आवश्यकता की वस्तुएं नहीं बेचेंगे जब तक कि वे स्थानीय सत्याग्रह समितियों द्वारा जारी की हुई पर्चियों को नहीं दिखायेंगे। यह सब वल्लभभाई की संगठन क्षमता का परिणाम था।

संघर्ष छह महीने तक चलता रहा। उसके समाप्त होने के कोई चिह्न दिखाई नहीं दे रहे थे। ऐसा लगा कि सरकार वल्लभभाई को गिरफ्तार कर लेगी। किन्तु विट्ठलभाई पटेल, जो केन्द्रीय विधान सभा के अध्यक्ष थे और अन्य नेताओं ने वाइसराय के साथ अपने प्रभाव का इस्तेमाल करके एक समझौता किया। सरकार एक जांच कमेटी बैठाने, सत्याग्रही कैदियों को छोड़ने और जब्त की हुई भूमि को उनके मालिकों को वापिस करने के लिए सहमत हो गई।

यह वल्लभभाई पटेल के लिए महान जीत थी। महात्मा गांधी के शिष्य ने नम्रता से यह कहा कि बारडोली के लोगों ने विश्व को यह दिखा दिया है कि चाहे सत्ता कितनी ही शक्तिशाली क्यों न हो वह सत्य और अहिंसा को नहीं कुचल सकती। भारत के स्वतन्त्रता अभियान में बारडोली की घटना हमेशा अविस्मरणीय बनी रहेगी।

महात्मा ने अपने शिष्य की विजय से खुश होकर उन्हें 'सरदार' नाम से सम्बोधित किया अर्थात नेता। तब से, बारडोली के नायक सरदार वल्लभभाई पटेल के नाम से प्रसिद्ध हो गये।

महात्मा गांधी और सरदार पटेल के बीच सम्बन्ध इतने स्नेहपूर्ण हो गये कि

सरदार पटेल गांधी को 'बापू' या पिता कहने लगे और बिना किसी हिचकिचाहट के उनका मार्गदर्शन स्वीकार कर लिया।

सन् 1929 में, भारतीय राष्ट्रीय कांग्रेस का अध्यक्ष चुने जाने का सरदार पटेल के पास मौका था लेकिन जब महात्मा गांधी ने सलाह दी कि कांग्रेस के लाहौर अधिवेशन की अध्यक्षता करने के लिए पंडित नेहरू को चुना जाना चाहिए तो उन्होंने यह बात सहर्ष स्वीकार कर ली।

डांडी

मार्च सन् 1930 में सरदार पटेल पहली बार नमक सत्याग्रह के दौरान जेल गये। उस समय महात्मा गांधी और उनके अनुयायियों ने नमक बनाकर सरकार की अवज्ञा की। नमक पर सरकार का एकाधिकार था, अर्थात केवल सरकार ही नमक बना सकती थी। साबरमती आश्रम से डांडी के समुद्र तक की यात्रा करके और वहां नमक बनाकर महात्मा गांधी ने सविनय अवज्ञा आन्दोलन आरम्भ किया। उनके नमक बनाने के बाद, भारत में चारों ओर लोगों ने नमक बनाकर सरकार की अवज्ञा की।

डांडी यात्रा को 12 मार्च से शुरू होना था। यात्रियों के खाने और रहने की व्यवस्था करने के लिए सरदार पटेल महात्मा गांधी से एक हफ्ते पहले ही चल पड़े थे। उन्होंने दिल दहलाने वाले भाषण दिए। रास नामक गांव में उन्हें गिरफ्तार कर लिया गया। उनकी गिरफ्तारी पर पूरा गुजरात, सरकार के विरुद्ध हो गया। पचहत्तर हजार लोग अहमदाबाद में स्थित साबरमती नदी की रेत पर एकत्र हुए और एक प्रस्ताव पारित किया। इस प्रस्ताव के अनुसार, "अपने देश को स्वतन्त्र कराये बिना हम शान्ति से नहीं बैठेंगे, न ही सरकार को शान्ति से रहने देंगे।"

मार्च सन् 1931 को गांधी-इरविन समझौते के साथ नमक सत्याग्रह समाप्त हो गया और जिन्होंने इसमें भाग लिया था उन्हें जेल से रिहा कर दिया गया।

सरदार पटेल की अध्यक्षता में उस वर्ष कराची में कांग्रेस का अधिवेशन हुआ। दुर्भाग्य से, जब वह महात्मा गांधी के साथ कराची पहुंचे तो उन्हें काले झण्डों के प्रदर्शन का सामना करना पड़ा। अनेक लोग गांधी-इरविन समझौते से सन्तुष्ट नहीं थे। अनेक इस बात पर क्रोधित थे कि कांग्रेस के नेता महान देशभक्त भगतसिंह को नहीं बचा सके थे जिन्हें कराची अधिवेशन से पहले ही फांसी दी गई थी। कुछ युवा अहिंसा की नीति की आलोचना कर रहे थे। महात्मा

गांधी और अन्य नेताओं ने जब बोलने की कोशिश की तो वे शोर मचाने लगे। सरदार पटेल ने अपनी व्यवहार-कुशलता से स्थिति को संभाला।

कराची अधिवेशन के बाद, सरदार पटेल महात्मा गांधी के पास शिमला चले गये जहां वह वाइसराय के साथ विचार-विमर्श करने गये थे। महात्मा गांधी को लंदन में होने वाली गोलमेज कान्फ्रेंस के लिए आमन्त्रित किया गया लेकिन वह वहां नहीं जाना चाहते थे क्योंकि उनके विचार से इससे कुछ लाभ होने वाला नहीं था। सरदार पटेल महात्मा गांधी से सहमत थे पर उन्होंने गांधीजी को वहां जाने के लिए राजी किया ताकि सरकार को कांग्रेस पर यह आरोप लगाने का अवसर न मिले कि उन्हीं के कारण गोलमेज कान्फ्रेंस असफल रही।

लंदन में कान्फ्रेंस

महात्मा गांधी लंदन के लिए सन् 1931 में बम्बई से जहाज द्वारा रवाना हुए। उनकी अनुपस्थिति में सरदार पटेल भारत की परिस्थितियों के बारे में सूचना देते हुए उनको नियमित रूप से पत्र लिखते । महात्मा गांधी को सरदार पटेल पर पूर्ण विश्वास था। उन्होंने उन्हें लिखा, ''यदि तुम्हें लगे कि तुम्हें संघर्ष करना चाहिये तो तुम अवश्य संघर्ष करो।''

लंदन में जिस समय गोलमेज कान्फ्रेंस चल रही थी, भारत में दमनचक्र तेजी से चल रहा था। जब महात्मा गांधी भारत पहुंचे, उन्हें गिरफ्तार कर लिया गया। सरदार पटेल, पंडित नेहरू और अन्य नेताओं को भी गिरफ्तार कर लिया गया। महात्मा गांधी और सरदार पटेल को पुणे की यरवदा जेल में रखा गया जहां उन्होंने साथ-साथ सोलह महीने बिताये। इस सहचारिता ने दोनों के बीच के बंधन और दृढ़ कर दिये। सरदार पटेल ने हर तरह से महात्मा गांधी की सेवा करने की कोशिश की। लेकिन उनका दृष्टिकोण अपना था। जब गांधीजी ने उपवास शुरू किया तो उन्होंने इसका अनुमोदन नहीं किया।

नवम्बर सन् 1932 को सरदार पटेल की मां का देहान्त हो गया। उस समय वह जेल में ही थे। मां के अन्तिम संस्कार में भाग लेने के लिए उन्होंने शर्तों पर रिहा होने से इनकार कर दिया। अक्तूबर सन् 1933 को, वियना में उनके बड़े भाई का भी देहान्त हो गया। उनके शरीर को दाह संस्कार के लिए बम्बई लाया गया।

यद्यपि वे राजनीति में एक-दूसरे से भिन्न मत रखते थे, दोनों भाइयों के बीच

एक-दूसरे के प्रति अत्यधिक सम्मान व स्नेह था। भाई की मृत्यु पर वल्लभभाई को बहुत दुख हुआ। तब भी अपनी भाई का अन्तिम संस्कार करने के लिए उन्होंने पैरोल पर रिहा होना स्वीकार नहीं किया।

सविनय अवज्ञा आन्दोलन मई सन् 1934 को खतम हो गया और कांग्रेसी नेता रिहा हो गये। बहुत बीमार होने के कारण जुलाई में सरदार पटेल को भी रिहा कर दिया गया।

उसी वर्ष बम्बई में कांग्रेस का अधिवेशन हुआ और महात्मा गांधी ने कांग्रेस छोड़ने की घोषणा करके सबको हैरत में डाल दिया। सभी को गहरा आघात लगा पर सरदार पटेल ने इस निर्णय का समर्थन किया क्योंकि वह जानते थे कि महात्मा गांधी और कांग्रेस के बीच कभी भी पूर्णतया से अलगाव नहीं हो सकता। वह यह भी जानते थे कि जब एक बार महात्मा गांधी ने कुछ निश्चय कर लिया तो उसे बदलने के लिए कोई भी उन्हें मजबूर नहीं कर सकता है।

सन् 1937 में भारत सरकार के सन् 1935 अधिनियम के अन्तर्गत प्रान्तीय विधानमण्डल के चुनाव हुए। कांग्रेस ने उसमें भाग लेने का निश्चय किया। महात्मा गांधी ने सरदार पटेल को संसदीय उप-समिति का अध्यक्ष बना दिया। कांग्रेस उम्मीदवारों का चयन करके चुनाव का आयोजन करना इनकी जिम्मेदारी थी। सरदार पटेल ने चन्दा एकत्र किया, उपयुक्त उम्मीदवारों को चुना और उन्हें निर्वाचित कराने के लिए चुनाव अभियान आरंभ कर दिया। उन्हीं के कारण चुनाव अभियान में एक अनुशासन था। सिवाय पंजाब और सिंध को छोड़कर बाकी सब प्रांतों में उनके श्रम के कारण कांग्रेस को बहुमत प्राप्त हुआ।

विश्व युद्ध

लोकप्रिय मन्त्रीमण्डल ने जुलाई सन् 1937 में कार्यभार संभाला।

सन् 1939 में विश्व युद्ध के छिड़ने पर कांग्रेस मन्त्रीमण्डलों ने त्यागपत्र दे दिया क्योंकि महात्मा गांधी और अन्य नेताओं के विचार थे कि भारतीय स्वतन्त्र नहीं हैं और जब उन्हें अपने मामलों के बारे में कहने की छूट नहीं है तो उनके लिए युद्ध में भाग लेना सही नहीं होगा।

महात्मा गांधी ने व्यक्तिगत रूप से अक्तूबर सन् 1940 में सत्याग्रह करने की योजना बनाई। सरदार पटेल पहले दल के नेता थे, जिन्होंने सत्याग्रह किया और पकड़े गये।

दिसम्बर सन् 1941 में जब जापान ने युद्ध में भाग लेना शुरू किया, तो भारत के लिए खतरा बढ़ गया। कांग्रेस ने युद्ध में ब्रिटिश सरकार के उद्देश्यों की घोषणा करने पर ज़ोर दिया। विन्सटन चर्चिल के अधीन कार्यरत ब्रिटिश कैबिनेट के सदस्य सर स्टैफार्ड क्रिप्स की अध्यक्षता में मार्च सन् 1942 में क्रिप्स मिशन भारत आया। उसका उद्देश्य था भारत की स्वतन्त्रता के प्रश्न पर विचार-विमर्श करना। मिशन, जो कि स्वतन्त्रता का आश्वासन दिये बिना भारत को युद्ध में शामिल करना चाहता था, असफल हो गया। वाइसराय लार्ड लिन्लिथगो ने भी समझौता करने का प्रयास किया लेकिन कोई फायदा नहीं हुआ।

भारत छोड़ो

8 अगस्त सन् 1942 में, ऑल इंडिया कांग्रेस कमेटी की बम्बई में गोष्ठी हुई और महात्मा गांधी ने ब्रिटिश सरकार के विरुद्ध विस्तृत संघर्ष का आह्वान किया। पंडित नेहरू, सरदार पटेल और अन्य नेताओं ने कांग्रेस के उद्देश्य को स्पष्ट किया। 'भारत छोड़ो' का प्रस्ताव जो ब्रिटिश सरकार से भारत से तुरन्त चले जाने और अपने शासन को खतम करने को कहता था, आधी रात को पारित किया गया। अगर ब्रिटिश सरकार नहीं जाती है तो अहिंसा के सिद्धांतों के आधार पर महात्मा गांधी के नेतृत्व में एक विस्तृत संग्राम शुरू किया जायेगा।

अगले दिन सुबह सरदार पटेल को गिरफ्तार कर लिया गया। पंडित नेहरू और अन्य प्रतिष्ठित नेताओं के साथ, उन्हें अहमदनगर किले में रखा गया।

सन् 1943 के आरम्भ में, उन्हें समाचारपत्रों के जरिए यह पता लगा कि महात्मा गांधी ने तीन हफ्ते का उपवास शुरू कर दिया है। सरदार पटेल को यह सुन गहरी पीड़ा हुई क्योंकि उनको यह भय था कि गांधीजी शायद इतने लम्बे समय तक उपवास न रख सकें। जब उपवास सफलतापूर्वक समाप्त हो गया तो सरदार पटेल खुशी से नाच उठे।

सन् 1945 में, ब्रिटेन और उनके मित्र-राष्ट्रों ने यूरोप में युद्ध जीत लिया। अब ब्रिटेन भारतीय समस्या को सुलझाने के लिए उत्सुक था और इसलिए सरकार ने राजनैतिक कैदियों को रिहा कर दिया।

फिर आई.एन.ए. के ऐतिहासिक मुकदमे की घटना घटी। भारतीय राष्ट्रीय फौज के तीन अफसरों पर सैनिक अदालत में मुकदमा चलाया गया।

वे सुभाष चन्द बोस की भारतीय राष्ट्रीय फौज में शामिल हो गये थे और

भारत को स्वतन्त्र करने के लिए सूदुर पूर्व में ब्रिटिश सरकार के विरुद्ध लड़े थे। भारतवासी उन्हें देशभक्तों की संज्ञा दे रहे थे जबकि ब्रिटिश सरकार उन्हें देशद्रोही मान रही थी। सरदार पटेल और अन्य कांग्रेस के नेताओं ने अफसरों को बचाने के लिए अच्छे-से-अच्छे वकीलों को काम पर लगाया। उन्होंने उनके पक्ष में जनमत पैदा किया और परिणामस्वरूप यद्यपि अफसरों को दोषी करार दिया गया था फिर भी उनकी सजा माफ कर दी गई।

चुनाव

23 मार्च, सन् 1946 को ब्रिटेन मजदूर कैबिनट द्वारा नियुक्त एक ब्रिटिश कैबिनट मिशन क्लीमेंट एटली के नेतृत्व में भारत आया ताकि जितनी जल्दी हो सके उतनी जल्दी भारत को स्वतन्त्रता दिलाने में वह सहायता कर सके। उसके प्रस्तावों में एक प्रस्ताव अन्तरिम सरकार की स्थापना करना भी था। इसको कार्यान्वित करने के लिए वाइसराय लार्ड वेवेल ने केन्द्रीय विधान सभा और प्रान्तीय विधान मण्डलों के चुनाव की घोषणा की।

सरदार पटेल को एक बार फिर कांग्रेस के लिए चुनाव अभियान को संगठित करने का कार्य सौंपा गया। दुर्जेय सरदार ने एक बार फिर अपनी योग्यता प्रमाणित कर दी। आठ प्रान्तों में कांग्रेस ने बहुमत प्राप्त किया। पार्टी ने प्रान्तों में अपने मंत्रीमण्डल बनाये।

विश्व युद्ध के दौरान जब कांग्रेस के नेता जेल में थे, मुस्लिम लीग ने मुस्लिम जनमत को पाकिस्तान के रूप में पृथक राज्य के विचार का समर्थन करने के लिए प्रभावित कर लिया था। मुस्लिम लीग ने अधिकतर मुस्लिम स्थानों को चुनावों में जीत लिया था। पाकिस्तान की मांग पर जोर देने के लिए 16 अगस्त सन् 1946 को लीग ने 'डाइरेक्ट एक्शन' दिवस मनाया। बंगाल, पंजाब, सिंध और उत्तर प्रदेश में साम्प्रदायिक झगड़े हुए। उस समय देश इन झगड़ों में उलझा हुआ था।

सितम्बर सन् 1946 में केन्द्र में एक अन्तरिम सरकार की स्थापना की गई। इसमें पंडित नेहरू प्रधानमंत्री चुने गये और सरदार पटेल ने गृह मंत्रालय और सूचना व प्रकाशन मंत्रालय का कार्यभार संभाला।

पाकिस्तान के विचार ने कांग्रेस में मतभेद उत्पन्न कर दिया था। महात्मा गांधी साम्प्रदायिक झगड़ों से अत्यधिक दुखी थे और वह इस आग को बुझाने

का प्रयत्न करते रहे। सरदार पटेल भी चिन्तित थे। उन्होंने मुसलमानों से राष्ट्रीय चेतना को विकसित करने और हिंसा को छोड़ देने के लिए कहा। उनके शब्दों को गलत ढंग से महात्मा गांधी के समक्ष रखा गया जिसके कारण उन्हें डांट खानी पड़ी। सरदार पटेल को बहुत दुख हुआ। अपनी स्थिति को स्पष्ट करने के लिए उन्होंने गांधीजी को पत्र लिखा।

स्वतन्त्रता, विभाजन

फरवरी सन् 1947 को, ब्रिटिश सरकार के प्रधानमंत्री क्लीमेंट एटली ने घोषणा की कि सत्ता भारतीयों को सौंप दी जाये और इस कार्य को करने के लिए उन्होंने लार्ड माउंटबेटन को नया वाइसराय नियुक्त किया।

मुस्लिम लीग, जो कि पाकिस्तान बनाने की मांग पर अड़ी हुई थी, ने चारों ओर साम्प्रदायिक झगड़ों की आग भड़का दी। बिहार पर इन दंगों का सबसे ज्यादा प्रभाव पड़ा। मुसलमान और हिन्दुओं के बीच शान्ति स्थापित करने के लिए महात्मा गांधी वहां गये। वहां उन्हें समाचारपत्रों द्वारा पता चला कि कांग्रेस ने भारत को शीघ्र स्वतन्त्र कराने के लिए विभाजन के विचार को स्वीकार कर लिया है। महात्मा गांधी विभाजन के पूरी तरह से खिलाफ थे। क्योंकि वे उस कभी न खतम होने वाली समस्या को स्पष्ट रूप से देख रहे थे जो इससे उत्पन्न होने वाली थी। उन्होंने गुस्से से सरदार पटेल और पंडित नेहरू को पत्र लिखा। सरदार पटेल ने बापू को मनाने की बहुत कोशिश की, लेकिन धर्म के आधार पर राष्ट्र का विभाजन करने के विचार के साथ गांधीजी ने कभी भी समझौता नहीं किया।

भारत को स्वतन्त्रता प्राप्त हुई और विभाजन भी। वह 15 अगस्त सन् 1947 का दिन था।

घोर व्यथा

ख़ुशी, वेदना, करोड़ों लोगों के घरों का उजड़ना, जन-आन्दोलनों की यंत्रणा, भारत या पाकिस्तान में अनेक रियासतों के राजाओं के समर्पण से जुड़ी अन्य समस्यायें, सब एक साथ उठ खड़ी हुईं। उन महत्वपूर्ण समस्याओं को सुलझाने में सरदार पटेल ने अपनी योग्यता, दूरदर्शिता और विवेक का परिचय दिया।

जब घुसपैठियों और आक्रमणकारियों ने भारत की सीमा को पार कर कश्मीर पर आक्रमण किया, तब सरदार पटेल और अन्य नेता पाकिस्तान की बची हुई पूंजी के हिस्से को देना नहीं चाहते थे क्योंकि वे जानते थे कि यही धन भारत के संघर्ष में इस्तेमाल किया जा सकता है। परन्तु महात्मा गांधी को लगा कि यह काम नैतिक रूप से गलत है और उन्होंने आमरण अनशन का निश्चय कर लिया। सरदार पटेल गांधीजी के पास तुरन्त गये लेकिन वह अपनी बात पर अड़े रहे।

पूंजी को न देने व राष्ट्रपिता के जीवन को बचाने के विकल्प के बीच सरदार पटेल को अपने गुरु की इच्छाओं के आगे झुकना पड़ा।

भारत के गृहमंत्री, राज्य मंत्री और सूचना व प्रसारण मंत्री के रूप में सरदार पटेल पर बहुत सारी जिम्मेदारियां आ गईं। गृहमंत्री होने के कारण सरदार पटेल को साम्प्रदायिक झगड़ों को सुलझाना पड़ता था। उन्होंने दृढ़ता और लोगों की सद्भावना पर विश्वास करके इन झगड़ों का सामना किया। वह स्थिति को नियंत्रण में लाने के लिए दिन-रात काम करते। दिल्ली में फैली अव्यवस्था को नियन्त्रित करने के लिए उन्होंने पुणे और मद्रास से सेना बुलाई। जब झगड़े हद से ज्यादा बढ़ गये तो हजारों मुसलमान पुरुष, स्त्री और बच्चों को सुरक्षा के लिए लालकिले में रखने के लिए उन्हें सेना की सहायता लेनी पड़ी।

इन सब कार्यों के बावजूद, ऐसे भी लोग थे जो उन्हें साम्प्रदायिक कहते थे। सच्चाई यह थी कि वह किसी भी सम्प्रदाय के प्रति विशेष व्यवहार करने में विश्वास नहीं करते थे। वह भारतवासियों के लिए समान व्यवहार करने में विश्वास करते थे क्योंकि वह उन्हें एक राष्ट्र के व्यक्तियों के रूप में देखते थे जो एक तरह के नियम, अधिकार और कर्त्तव्यों से बंधे हुए हैं।

राज्यों का एकीकरण

भारत के साथ छोटे-छोटे देशी राज्यों का एकीकरण स्थापित करना सरदार की मुख्य उपलब्धि थी। विभाजन के समय ऐसे पांच सौ से अधिक राज्य थे जिन पर राजा, महाराजा और नवाबों का शासन था। ये राज्य अंग्रेज़ी शासन के समय भारत सरकार के अधीन थे। भारत की स्वतन्त्रता के समय, उन्हें पाकिस्तान या भारत किसी में भी शामिल होने की छूट दी गई थी या अगर उनके शासक चाहें तो पृथक भी बने रह सकते हैं।

सरदार पटेल जानते थे कि इन राजाओं के राज्यों के विलय होकर एकीकरण

होने में भारत का भविष्य निहित है। उन्होंने इन स्वतन्त्र शासकों से देश की एकता बनाये रखने की अपील की। उन्होंने कहा, "यह संयोग की बात है कि कुछ भारतीय रियासतों में रहते हैं और कुछ ब्रिटिश भारत में। हम खून और भावनाओं के बन्धनों से एक-दूसरे से जुड़े हुए हैं... इसलिए, हमारे लिए यही बेहतर होगा कि हम दोस्तों की तरह साथ-साथ बैठकर नियम बनायें।" सरदार पटेल जैसे राजनेता की अपील का व्यापक प्रभाव पड़ा। भारत की सीमा की निकटवर्ती रियासतें भारत से आ मिलीं। बदले में, शासकों को राजमत्त और अन्य सुविधाएं दी गईं।

सरदार ने जूनागढ़ और हैदराबाद जैसे विवादग्रस्त राज्यों के मामले को भी दृढ़ता से निबटाया। यद्यपि वे भारत की सीमा में थे लेकिन पाकिस्तान में शामिल होना चाहते थे या स्वतन्त्र रहना चाहते थे। कुल मिला कर भारतीय केन्द्र के साथ राज्यों के एकीकरण का कार्य शान्तिपूर्ण ढंग से हो गया। महात्मा गांधी ने उनकी प्रशंसा करते हुए लिखा, "स्वतन्त्र राजाओं के राज्यों के साथ निबटने का कार्य अत्यन्त कठिन था, लेकिन मैं इस बात का कायल हो गया कि सरदार ही ऐसे व्यक्ति हैं जो इस मामले को निबटा सकते थे।"

हत्या

सरदार पटेल और पंडित नेहरू के बीच कुछ मतभेद उत्पन्न हो गये। महात्मा गांधी को इससे बहुत दुख हुआ। वह इन दोनों व्यक्तियों को अपने निष्ठावान अनुयायियों के रूप में देखते थे। बहुत वर्षों तक, दोनों ने साथ-साथ काम किया था और दोनों देशभक्त थे जिन्होंने स्वतन्त्रता संग्राम में भाग लेने के लिए अपने आराम व सुविधाओं के जीवन को छोड़ दिया था। बापू दोनों का महत्व जानते थे और वह चाहते थे कि दोनों मिलकर काम करें।

30 जनवरी सन् 1948 को सरदार पटेल गांधीजी से मिले जिन्होंने उनसे भारत की स्वतन्त्रता को दृढ़ करने और देश के प्रजातान्त्रिक विकास को बनाये रखने के लिए पंडित नेहरू के साथ मिलकर काम करने को कहा।

सरदार पटेल अभी घर पहुंचे ही थे कि उन्हें समाचार मिला कि महात्मा गांधी की गोली मार कर हत्या कर दी गई है।

वह वापिस आये और अपने गुरु के शरीर के पास दुखी मन से बैठ गये। जल्दी ही, पंडित नेहरू भी आ गये और उन्होंने भी वैसा की किया। जब लार्ड

माउंटबेटन आये, उन्होंने सरदार और पंडित नेहरू को गांधीजी की अंतिम इच्छा बताईः "गांधीजी की अंतिम इच्छा थी कि मैं आप लोगों को इकट्ठे करने और दोस्त बनाये रखने के लिए जितनी हो सके कोशिश करूं।" दोनों नेताओं ने सहमति प्रकट की और चुपचाप एक-दूसरे को गले से लगा लिया।

महात्मा गांधी की मृत्यु से सरदार पटेल को गहरा आघात लगा। वह उन्हें बापू और गुरु की तरह मानते थे। उन दोनों के बीच मतभेद होते रहते थे पर सरदार पटेल महात्मा गांधी से अपनी बराबरी नहीं करते थे। उन्होंने गांधीजी की इच्छाओं के लिए हमेशा त्याग किया और उन्हें अपना मार्गदर्शक स्वीकारा। गांधीजी जानते थे कि सरदार ऐसे व्यक्ति नहीं है जिन्हें मूल विषयों पर अपने विचारों को बदलने के लिए बाध्य किया जा सके। उनकी भूमिका सलाहकार की थी। गांधीजी की मृत्यु से सरदार पटेल को इतना गहरा दुख हुआ था कि उन्होंने कहा, "अन्य लोग रोकर राहत पा सकते हैं। मैं वैसा भी नहीं कर सकता। मेरा मस्तिष्क मानों गूदा बन गया है।"

अनेक लोगों ने सोचा सरदार पटेल गृहमंत्री के रूप में महात्मा गांधी को बचाने में असफल रहे हैं। इस आलोचना से सरदार पटेल को बहुत दुख हुआ। वह प्रार्थना सभा में सादे कपड़ों में पुलिस को तैनात करना चाहते थे किन्तु महात्मा गांधी ने उन्हें रोक दिया था।

महात्मा गांधी की मृत्यु के बाद, सरदार पटेल वैसा ही करने का प्रयास करते जैसे कि बापू की इच्छा थी। उन्होंने पंडित नेहरू के साथ मिलकर कार्य किया। सभी महत्वपूर्ण मामलों में वे एक-दूसरे की राय लेते।

प्रशासक

सरदार पटेल एक दूरदर्शी राजनेता थे। वह सरकारी नौकरी के महत्व को महसूस करते थे। अनेक राष्ट्रवादी नेता लोक सेवाओं की आलोचना करते थे जिन्हें ब्रिटिश सरकार अपने पीछे छोड़ गई थी। उन्हें वे विदेशी शक्ति के नौकर समझते थे। सरदार पटेल के विचार भिन्न थे। वह उनकी देशभक्ति में विश्वास करते थे और देश को आगे ले जाने वाले महान कार्य में योगदान देने की उन्होंने अपील की। उन्होंने उन्हें जिम्मेवारियां सौंपी। वह सहज ज्ञान से अपने सहयोगियों का चुनाव करते और चुनाव के पश्चात् उन पर पूरा भरोसा करते। सरकारी नौकर इस पर गर्व महसूस करते। उनके नेतृत्व में उन्होंने निष्ठा व सुचारू रूप

से कार्य किया। उन्होंने सरकारी नौकरों को दृढ़ रहने व भयरहित सुझाव देने की सलाह दी।

सरदार पटेल के प्रयासों व दूरदर्शिता के कारण, भारतीय प्रशासनिक सेवा, भारतीय पुलिस सेवा और अन्य केन्द्रीय सेवाओं का संगठन हुआ। वे चाहते थे इनमें बेहतर व्यक्ति शामिल हों। चूंकि ये सेवाएं केन्द्रीय सरकार के नियंत्रण में थीं, उन्हें लगा कि उनकी एक राष्ट्रीय विचारधारा हो सकती है और वे राष्ट्रीय एकता को बनाये रखने में सहायता कर सकते हैं।

सरदार पटेल सबसे पहले अपने को भारतीय समझते थे। उन्होंने लोगों को सलाह दी, "हमें विभिन्न राज्यों या प्रान्तों के रूप में सोचना छोड़ देना चाहिए। इसके विपरीत, हमें यह सोचना चाहिए कि हम भारतीय हैं और एकता की भावना का विकास करना चाहिए।"

वह कठिन परिश्रम और अनुशासन में विश्वास रखते थे और 'भारत के लौह पुरूष' के नाम से जाने जाते थे।

जब दिसम्बर सन् 1950 में सरदार पटेल की बम्बई में मृत्यु हुई तो पूरे भारत ने शोक मनाया और उनकी शव-यात्रा में हजारों लोगों ने भाग लिया। प्रधानमंत्री पंडित नेहरू और राष्ट्रपति डॉ. राजेन्द्र प्रसाद अन्त्येष्टि के लिए बम्बई गये। पंडित नेहरू ने उन्हें आधुनिक भारत के निर्माता की संज्ञा दी।

अपने पीछे सरदार पटेल एक संगठित भारत छोड़ गये हैं वैसा ही जैसा कि सम्राट अशोक और अकबर जैसे महान शासकों ने बनाने की कोशिश की थी।

सुब्रह्मण्य भारती

इन्दिरा अनन्तकृष्णन

अनुवादः सुमन जैन

अग्निकण

सघन वन में मुझे
किसी दिन...कहीं

मिला एक अग्निकण
जिसे रख दिया पेड़ के खोखल में वहीं।

आग की भयंकर लपटों से
सारा जंगल हो गया राख।

एक बार को लपटें यदि हो जाएं क्रुद्ध
तब कौन छोटा, कौन बड़ा, कौन युवा, कौन वृद्ध?

(अनुवाद : एस. विवेकानन्द स्वामी)

सुब्रह्मण्य भारती

सुब्रह्मण्य भारती को बीसवीं सदी के महान तमिल कवि के रूप में गिना जाता है। उनका नाम भारत के आधुनिक इतिहास में एक उत्कट देशभक्त के रूप में लिया जाता है। उनके जीवनकाल में हम पर अंग्रेजों का राज था। भारत को विदेशी शासन के पंजों से मुक्त कराने की उनकी तीव्र इच्छा थी।

देश के स्वतन्त्रता संग्राम के लिए उन्होंने जिस शस्त्र का प्रयोग किया वह था उनका लेखन, विशेषतया कविता। उनकी कविताओं द्वारा तमिलनाडु में राष्ट्रीयता की असीम लहर छा गई। उनकी कविताओं ने तमिलवासियों को जाग्रत कर स्वतन्त्रता आन्दोलन में भाग लेने के लिए प्रेरित किया।

सुब्रह्मण्य भारती का जन्म तमिलनाडु में एक मध्यवर्गीय परिवार में 11 दिसम्बर, सन् 1882 में हुआ था। उनके पिता का नाम चिन्नास्वामी अय्यर और मां का नाम लक्ष्मी अम्माल था।

प्राइमरी स्कूल में ही भारती, जिन्हें घर में सुब्बया कह कर बुलाते थे, कविताएं लिखने और उनका पाठ करने के बहुत शौकीन थे। एक बार उनके पिता ने जब उनसे पूछा कि क्या तुमने सवाल कर लिये हैं तो उन्होंने तुरन्त उत्तर दिया,

"सवाल गोंद की तरह मूक हैं,
वे जड़वत हैं और भिनभिनाते हैं।"

सुब्बया अकसर स्कूल नहीं जाते थे। वह अपनी स्लेट और पेन्सिल फेंककर प्रकृति की छटा देखने भाग जाते थे। उनके पिता चाहते थे कि वह गणित के विशेषज्ञ बनें। लेकिन वह किसी तरह भी सुब्बया को गणित नहीं सिखा सके। इसके विपरीत सुब्बया भाषा, साहित्य और कविता को पसन्द करते थे और उन्होंने इन विषयों में विशिष्टता प्राप्त की।

'भारती'

एट्टयपुरम के राजा ने ग्यारह वर्षीय सुब्बया को दरबार में कविता पाठ करने के लिए आमन्त्रित किया। राजा के दरबार में एकत्र हुए विख्यात कवि उनका कविता पाठ सुन कर दंग रह गये। उन्होंने उन्हें 'भारती' की उपाधि से सुशोभित किया जो ज्ञान और वाणी की देवी सरस्वती का नाम है। इस तरह वह सुब्रह्मण्य भारती के नाम से प्रसिद्ध हो गये।

जब वह चौदह वर्ष के थे तभी सुब्बया का विवाह हो गया था। उनकी पत्नी चेल्लम्माल उस समय सात वर्ष की थीं। कुछ दिनों बाद सुब्बया के माता-पिता का स्वर्गवास हो गया।

सन् 1898 में, भारती आगे पढ़ने के लिए बनारस अपनी काकी के पास चले गये। बहुत जल्दी ही, अपने सहज कविता पाठ द्वारा उन्होंने शिक्षकों और छात्रों के बीच हलचल मचा दी। बनारस में उन्होंने हिन्दी, अंग्रेजी और संस्कृत भाषायें सीखीं।

बनारस में रहते हुए भारती के व्यक्तित्व में बहुत परिवर्तन आया। उन्होंने बड़ी-बड़ी पैनी मूंछें रख लीं तथा सिर पर पगड़ी पहनने लगे और उनकी चाल में अकड़ आ गई।

उनकी विचारधारा में भी महान परिवर्तन आया। उनके हृदय में उगे राष्ट्रीयता के बीज के कारण, उन्हें ब्रिटिश राज के बंधन में बंधे भारतीयों का दुख व पीड़ा महसूस होने लगी।

देशभक्त कवि

अपने साथ देश प्रेम की भावना सुलगाये, देशभक्त कवि भारती चार वर्ष बाद घर लौटे। जीविका के लिए वह मद्रास में प्रसिद्ध तमिल दैनिक 'स्वदेशमित्रन' में सहायक संपादक की हैसियत से नौकरी करने लगे, जिसके संस्थापक थे महान नेता जी. सुब्रह्मण्य अय्यर। अपने गीतों के माध्यम से वह लोगों के हृदयों में राष्ट्रीयता की भावना जगाने लगे।

बहुत ही सरल तमिल में लिखी भारती की कविताएं तुक और लय में बंधी होती थीं। वह अकसर आकर्षक लोक धुनों पर उनकी संगीत रचना करते थे। फिर वह उन्हें तेज और स्पष्ट आवाज में लोगों को सुनाते। बहुत जल्दी ही ये

गीत सुननेवालों के होठों पर तैरने लगे। जंगली आग की तरह फैलते-फैलते, ये गीत शीघ्र ही राज्य के प्रत्येक व्यक्ति के हृदय तक पहुंच गये।

सन् 1907 में भारती ने सूरत में हुए कांग्रेस के अधिवेशन में भाग लिया। उग्रवादी विचारों से प्रभावित होने के कारण उन्हें यह विश्वास हो गया था कि नरमपन्थी दृष्टिकोण से देश कभी भी स्वतन्त्र नहीं हो सकता है। उनके मन में बाल गंगाधर तिलक और विपिन चन्द्र पाल के प्रति बहुत सम्मान उत्पन्न हो गया। वे लोग उग्रवादियों की तरह भारत की स्वाधीनता के लिए संघर्ष करने को तत्पर थे। उन्हें लगा कि स्थिति क्रान्तिकारी मोड़ लेना चाहती है।

'भारत'

भारती का देशभक्तिपूर्ण लेखन बहुत शक्तिशाली होता जा रहा था। फिर भी कोई उसे छापने को तैयार नहीं था। लोग सरकार के क्रोध से डरते थे। यहां तक कि स्वदेशमित्रन के संपादक ने भी उनके दृढ़, उग्रवादी विचारों को छापने से इनकार कर दिया। इसलिए भारती ने अपने पद से त्यागपत्र दे दिया और सन् 1907 में अपना ही 'इण्डिया' नामक एक साप्ताहिक निकालने लगे। इसमें वह अपने विचारों को स्वतन्त्रता से छापते और जनता उत्सुकता से उन्हें पढ़ती। उनकी लघु कथा 'लोमड़ी और कुत्ता' बहुत प्रसिद्ध कहानी है। वह कुछ इस प्रकार है:

बहुत वर्ष पहले एक महान शिकारी रहता था। उसके पास सहायता करने के लिए अनेक तरह के शिकारी कुत्ते थे। बहादुर उनमें से एक था। एक दिन बहादुर की मुलाकात एक लोमड़ी से हुई। बहादुर ने बड़े घमंड से लोमड़ी को बताया कि उसका मालिक एक अमीर शिकारी है जो उसे बहुत अच्छी तरह से रखता है और खाने को बहुत सारा खाना देता है!

लोमड़ी जो जंगल में रहती थी और जिसे खाने को भी बहुत कम मिल पाता था, बहुत दुबली-पतली थी। उसे बहादुर से ईर्ष्या हुई। वह शिकारी के शिकारी कुत्तों के दल में शामिल होना चाहती थी। उसने कहा वह जंगल में जंगली जानवरों को ढूंढ़ने में शिकारी की मदद करेगी।

बहादुर को उस पर दया आ गई और वह उसे शिकारी के पास ले जाने को तैयार हो गया। अचानक, लोमड़ी ने बहादुर की गर्दन पर एक बड़ा-सा निशान देखकर उससे उसके बारे में पूछा। बहादुर ने गर्व से बताया, यह उस सोने के पट्टे का निशान है जो वह अपनी गर्दन पर उस समय पहनता है जब वह घर

पर चांदी की जंजीर से बंधा होता है।

लोमड़ी को यह सुनकर बहुत आश्चर्य हुआ। उसे महसूस हुआ कि बहादुर स्वतन्त्र नहीं है। वह शिकारी का दास है। लोमड़ी ने बहादुर को इस बात के लिए डांटा कि वह बंधन में रहता है और जंगल की गहराइयों की ओर भाग गई। चाहे उसे भूखा रहना पड़े या दुख उठाने पड़े, लेकिन, कम से कम, वह स्वतन्त्र तो होगी।

अन्य प्रसिद्ध कहानी जिसे भारती ने लिखा और प्रकाशित किया वह थी 'कवि और लोहार' जिसके द्वारा कविताओं के प्रति उनका प्रेम प्रदर्शित होता है।

एक बार एक विख्यात कवि एक लोहारखाने के सामने से निकल रहा था। अन्दर गाने की आवाज सुनकर वह रुक गया। वह स्वयं कवि का अपना गीत था और अन्दर बैठा लोहार उसे गलत ढंग से गा रहा था। कवि को बहुत गुस्सा आया। वह तेजी से अन्दर गया और लोहार के औजार उठाकर इधर-उधर फेंकने लगा।

लोहार को बहुत क्रोध आया और वह कवि को अपनी संपत्ति और आजीविका को बरबाद करने पर दोष देने लगा। कवि ने कहा उन्हें भी लोहार पर उतना ही गुस्सा आ रहा है क्योंकि वह उनके द्वारा रचित गीत को खराब कर रहा है। यह उनका जीवन और संपत्ति है।

लोहार ने माफी मांगी और कहा कि अब गाने से पहले वह ठीक से गाना सीखेगा।

पॉण्डीचेरी में

ब्रिटिश सरकार के विरुद्ध आन्दोलन भड़कता ही जा रहा था। शासकों ने इसे दबाने के लिए नेताओं और आन्दोलनकर्त्ताओं को पकड़ना और जेल में बंद करना शुरू कर दिया। किसी भी दिन भारती अपनी गिरफ्तारी के वारंट का इंतजार कर रहे थे। उनके दोस्त और अनुयायी नहीं चाहते थे कि वह सींखचों के पीछे बंद हों। फिर वे कैसे उनकी आवाज सुनेंगे और उनकी रचनाएं पढ़ पायेंगे?

इसलिए गिरफ्तारी से बचने के लिए, भारती सन् 1908 में पॉण्डीचेरी चले गये। यह दक्षिण भारत में एक छोटा-सा फ्रांसिसी उपनिवेश था जहां पर ब्रिटिश सरकार को अपनी शक्ति का इस्तेमाल करने का कोई अधिकार नहीं था।

पॉण्डीचेरी भागने पर कई लोगों ने भारती को कायर कहा। लेकिन, वह इन

आलोचनाओं की परवाह नहीं करते थे। उन्हें जो सही लगा, उन्होंने वही किया और उसी ने उनके अन्दर आत्मविश्वास भर दिया। प्रसन्नचित, जिन्दादिल और विनोदी स्वभाव के भारती ने जीवन का बहादुरी से मुकाबला किया। पॉण्डीचेरी में जीवन आसान नहीं था। स्थानीय लोगों का बर्ताव मैत्रीपूर्ण नहीं था। वह उनसे डरते थे और उन्हें नापसन्द करते थे। इतना ही नहीं, वहां ब्रिटिश सरकार के गुप्तचर उनकी गतिविधियों पर कड़ी नजर रखे हुए थे। भारती को उन गुप्तचरों का पता लग गया था।

एक बार उन्हें अपने एक मित्र का पत्र मिला जिसमें उसने भारती से मिलने की इच्छा जाहिर की थी। मित्र वास्तव में एक गुप्तचर था जिसे सरकार ने भारती पर नजर रखने के लिए पैसे दिये थे। वह भारती के घर उनसे मिलने सन्यासी के वेश में आया। किन्तु जैसे ही उसने भारती को देखा, जिसकी वह हृदय से प्रशंसा करता था, उसने सिर झुका कर कवि को अपना सम्मान प्रकट किया।

भारती हंसे और उन्हें यह याद दिलाया कि सन्यासी को पहले प्रणाम किया जाता है। अतिथि ने अपनी गलती मान आंखें झुका लीं। भारती ने उन्हें वापिस भेजते हुए सलाह दी कि अगर वह और कुछ नहीं कर सकते हैं तो खाने के लिए भीख ही मांगे। वह काम ब्रिटिश सरकार के लिए गुप्तचरी करने से बेहतर है। वह आदमी लज्जित होता हुआ चला गया।

कष्ट

पॉण्डीचेरी में ब्रिटिश सरकार भारती को दुखी करने की कोशिश करने लगी। एक बार, जब वह बाहर गये हुए थे उनके घर पर छापा मारा और उनकी कई मूल्यवान पाडुंलिपियां चोरी हो गईं। भारती बहुत दुखी हुए। उन्हें 'इण्डिया' का प्रकाशन बन्द करना पड़ा। प्रकाशन के लिए अन्य किसी पत्रिका में भी रचनाएं भेजने की उन्हें अनुमति नहीं थी। उनके नाम पर आये चैक या मनीआर्डरों को जब्त कर लिया जाता। इस प्रकार आय के समस्त स्रोतों से वंचित होने के कारण भारती बहुत परेशान हो गये और लिखने में उनकी रुचि खतम हो गई।

लेकिन, केवल भारती को ही इस कठिन स्थिति से मुकाबला नहीं करना पड़ रहा था। अन्य देशभक्त भी थे, जिन्होंने पॉण्डीचेरी मे आश्रय लिया था। उनमें श्री अरविन्द जैसे महान दृढ़निश्चयी व्यक्ति भी थे। भारती उनके साथ रहना पसन्द करते थे, वे विद्वान थे और उन्होंने उन्हें फिर से लिखने को प्रेरित किया।

इस तरह एक बार फिर उनका लेखन आरंभ हो गया।

लोगों के मन को राष्ट्रीयता की भावना से ओत-प्रोत कर सकें ऐसी कविता लिखने के साथ-साथ अब वह दर्शन और प्रकृति पर कविताएं, भगवान कृष्ण पर भक्ति गीत, मां शक्ति को समर्पित भावविभोर काव्य और ऐसी कविताएं लिखने लगे जो मानव एकता और सार्वभौमिक प्रेम के आदर्शों को विस्तृत रूप से अभिव्यक्त करती थीं। वह अपने मित्रों को कविताएं पढ़कर सुनाते जिन्हें वे बहुत आनन्द से सुनते।

अपने दुखपूर्ण क्षणों में भी, भारती का ईश्वरीय शक्ति पर से विश्वास नहीं हटा। इससे उन्हें पॉण्डीचेरी में सबसे कठिन समय बिताने में सहायता मिली। जब उनके पास धन नहीं था, उनके प्रशंसकों ने आर्थिक रूप से और अन्य तरीकों से उनकी मदद की। यहां तक कि मकान का किराया न देने पर भी उनके मकान-मालिक ने उन्हें कुछ नहीं कहा।

प्रसन्नता का आदर्श

भारती स्वयं किसी से सहायता नहीं मांगते थे। इससे उनके स्वाभिमान को ठेस लगती थी। किन्तु, गरीबी उनकी उदारता को कम नहीं कर पाई थी। रिक्शाचालक उन्हें बहुत चाहते थे क्योंकि बहुत उदारता से वह उनका किराया पैसे या वस्तुएं देकर चुकाते थे। एक बार उन्होंने अपना बहुमूल्य जरी के बोर्डरवाला अंगवस्त्र तक दे दिया था जिसे किसी अमीर प्रशंसक ने उन्हें दिया था। जब चेल्लम्माल ने इस बात के लिए डांटा तो वह हंस दिये और कहा वह उस गरीब आदमी पर अच्छा लग रहा था।

उनकी उदारता की आदत के कारण कई बार चेल्लम्माल रो पड़ती थीं। एक बार, वह बरामदे में बैठीं उस दिन के खाने के लिए बचे हुए चावल साफ़ कर रही थीं। भारती उनके साथ बैठे, उड़ती हुई चिड़ियों को प्रशंसा की दृष्टि से देख रहे थे। जैसे ही चेल्लम्माल चावल की थाली जमीन पर रख घर के अन्दर गईं भारती ने चिड़ियों को दाना डालना शुरू कर दिया। उन्होंने चेल्लम्माल को यह दिखाने के लिए बाहर बुलाया कि दाना चुगती हुई चिड़ियों को देखना कितना अच्छा लगता है।

दूसरों की खुशी उनकी अपनी खुशी थी। वह अपने लेखन में अकसर ये बात व्यक्त करते थे कि समस्त जीवित प्राणी उस सर्वोच्च शक्ति की अनुपम

रचना हैं और उसकी नजरों में हम सब बराबर हैं।

ऐसा लगता था कि जंगली जानवर भी उनके सच्चे प्यार को पहचानते थे। एक बार, जब भारती और चेल्लम्माल चिड़ियाघर में घूम रहे थे, वह शेर के पिंजरे के बहुत करीब चले गये और जंगल के राजा को बुलाकर उससे कहा कि कविता का राजा तुमसे मिलने आया है। जवाब में शेर दहाड़ा और भारती को अपना स्पर्श करने दिया। इस आश्चर्यजनक दृश्य को देखकर अन्य दर्शक भौचक्के रह गये।

बच्चों का गीत

भारती की दो पुत्रियां थीं। बड़ी थंगम्मा का लालन-पालन नाना-नानी के घर पर हुआ। लेकिन छोटी पुत्री शकुन्तला के साथ उनके सम्बन्ध बहुत प्रेमपूर्ण रहे। उसके लिए, और उन बच्चों की खातिर जो अकसर उनके चारों ओर घूमते रहते थे, उन्होंने 'द चाइल्ड सौंग' (बच्चे का गीत) गाया। उन्होंने उसे धुन दी, बच्चों को उसे गाने में बहुत मजा आता था। उस गीत को किसी और भाषा में अनुवाद करना मुश्किल है यहां तक कि आज तमिलनाडु में प्रत्येक स्कूल जाने वाला बच्चा इस गीत को जानता है।

'ओडि विलायाडु पाप्पा...'

भागो और खेलो, भागो और खेलो
आलसी मत बनो, मेरे प्यारे बच्चो,
मिलजुल कर खेलो, मिलजुल कर खेलो,
कभी भी घबराओ नहीं, मेरे प्यारे बच्चो।

परदार चिड़िया की तरह
चारों ओर घूमो, मेरे प्यारे बच्चो
ओह! वह ऊपर उड़ती प्यारी चिड़ियां
तुम्हारे ह्दय को पुलकित कर देगी, मेरे प्यारे बच्चो।

गाय जो हमें दूध देती है
हमेशा शुद्ध होता है, मेरे प्यारे बच्चो,
कुत्ता जो अपनी पूंछ हिलाता है
मनुष्य का सबसे अच्छा दोस्त है, मेरे प्यारे बच्चो।

प्रातःकाल पढ़ने का समय है,
दिव्य संगीत के साथ इसका अनुसरण करो,
संध्याकाल खेल का समय है,
उसका आनन्द उठाओ, मेरे प्यारे बच्चो।

झूठ मत बोलो, मेरे प्यारे बच्चो,
और कभी भी अफवाहें मत उड़ाओ,
जब ईश्वर तुम्हारे साथ है,
कोई नुकसान तुम्हें नही हो सकता, मेरे प्यारे बच्चो।

मैं कहता हूं, आलस्य बुरा है
कभी अपनी मां का अनादर न करो
रोता हुआ बच्चा पंगु होता है
दृढ़ता से खड़े रहो, मेरे प्यारे बच्चो।

तमिल भाषा महान और प्यारी है
उसे सीख कर दोहराओ, मेरे प्यारे बच्चो,
हमारा हिन्दुस्तान उदार है,
उसकी महानता के बारे में सोचो, मेरे प्यारे बच्चो।

उत्तर में है हिमालय,
और दक्षिण में कन्याकुमारी,
पूर्व और पश्चिम को जोड़ते हैं
विशाल सागर, मेरे प्यारे बच्चो।

लिखे गये वेद इसी भूमि पर,
जन्म लिया महान पुरुषों ने इसी भूमि पर,
भारतवर्ष की यह विस्तृत भूमि
वास्तव में प्रसिद्ध है, मेंरे प्यारे बच्चो।

भेदभाव नहीं है यहां कोई,
छोटा बड़ा नहीं है यहां कोई,
सच्चे, बुद्धिमान और ज्ञानी
का सम्मान किया जाता है यहां, मेंरे प्यारे बच्चो।

अपना प्यार जीवित प्राणियों पर न्योछावर करो,
कभी मत भूलो कि ईश्वर महान है,
हृदय व आत्मा में हिम्मत बनाये रखो,
वही जीवन का ढंग है मेंरे प्यारे बच्चो।

भारती ने ऐसे स्वतन्त्र भारत के लोगों की कल्पना की थी जो उच्च विचारों को आत्मसात कर उन्हें बढ़ावा दें।

स्वतन्त्रता का गीत

अन्य गीत जो बच्चों को बहुत पसन्द है वह 'स्वतन्त्रता का गीत' है। स्कूल के बच्चे अकसर इस पर समूह नृत्य भी करते हैं।

आडुवोमे पल्लु पाडुवोमे...

हम नाचेंगे और पल्लु गायेंगे
आजादी पाई है, हम खुशी मनायेंगे
हम नाचेंगे...

सभी लोग कहते हैं अब तो हम स्वतन्त्र हैं
हम सब भारतवासी निश्चय ही समान हैं
शंख फूंक कर जय-जय उच्चार करेंगे
विजयनाद से धरती को गुंजरित करेंगे।
हम नाचेंगे...

कृषि का पूजन, उद्योगों की वंदना करेंगे
मात्र उदरपूर्ति की भर्त्सना करेंगे
ऊसर भू को सींच-सींच कर हरी करेंगे
दलितों की सेवा करने में नहीं थकेंगे
हम नाचेंगे...

यह देश हमारा, हम इसके वासी हमने यह जान लिया
इस धरती पर पूर्ण अधिकार, उसे हमने पहचान लिया
भारत की धरती पर सदा मुक्त जीवन हम जिया करेंगे
पूर्ण ब्रह्म परमेश्वर की हम नित्य वंदना किया करेंगे
हम नाचेंगे...

(अनुवादः डॉ. के.ए. जमुना)

एक कमजोर आकृति, अपने सिर को ऊंचा उठाये हुए, और अपने देशवासियों के लिए अपनी आंखों में प्रेरणा की चमक लिए जोर-जोर से गाते हुए भारती, जिन्होंने उन्हें देखा और उनके गीतों को सुना था। उनके लिए यह अविस्मरणीय दृश्य था। उनके गीतों का चुम्बकीय प्रभाव पड़ा विशेषकर जब उन्होंने ये प्रसिद्ध पंक्तियां गाईं, 'ओली पडैथा काननीनाए वा-वा-वा...'

आओ, आओ, आओ अपनी आंखों में चमक लिये,
आओ, आओ, आओ अपने हृदय मे निश्चय लिये,
आओ, आओ, आओ होंठों पर गीत लिये,
आओ, आओ, आओ बलिष्ठ कंधों को लिये,

आओ, आओ, आओ स्पष्ट मस्तिष्क के साथ,
आओ, आओ, आओ छोटी बातों के प्रति अनिच्छा के साथ,
आओ, आओ, आओ गरीबों के लिए दया के साथ,
आओ, आओ, आओ ऊंचा उठने वाले कदमों के साथ।

निर्वासन से वापसी

पॉण्डीचेरी से भारती अपने स्वयं-निर्मित निर्वासन से एक दशक बाद बाहर आये। किन्तु जैसे ही उन्होंने ब्रिटिश भारत की मिट्टी पर कदम रखा, उन्हें गिरफ्तार करके पुलिस की निगरानी में रख लिया गया। कुछ दिनों बाद, उन्हें कड़ी चेतावनी के साथ इस शर्त पर रिहा कर दिया कि वह कहीं नहीं जायेंगे बल्कि एक ही स्थान पर रहेंगे।

भारती अपने शहर चले गये। किन्तु यहां अपने ही लोगों, कट्टर सम्प्रदाय के बीच उन्होंने अपने आप को अनुपयुक्त पाया। वे उनके कपड़ों और साथ-साथ उनकी विचारधारा को भी नापसन्द करते थे। वह सहज ही निम्नजाति के हिन्दुओं और मुसलमानों से हिलमिल जाते थे, उन्होंने महिलाओं को स्वतन्त्रता के बारे में शिक्षा दी और गीत गाये और उन्होंने पुरुषों से ब्रिटिश सरकार के विरुद्ध खड़े होकर लड़ने का आह्वान किया। और उनकी पुकार पर कोई प्रतिक्रिया न करने वाले लोगों को उन्होंने कायर कहा। लोगों ने उन्हें पागल कहा।

इसलिए भारती ने अपना शहर छोड़ दिया और सन् 1919 में मद्रास चले आये। अब तक गांधीजी का सार्वभौमिक प्रेम व भाईचारा का संदेश देशभर में चारों ओर फैलने लगा था। उनसे प्रभावित भारती ने लिखा 'पकैवनु वकरूलवाय नानननेनजे...'

रे मेरे मन! मधुर
दया दिखा शत्रु पर

देखते हैं हम धुएं के बीच में
हुआ करती है आग

शत्रु के हृदय में है वास कृष्ण का
जिसे प्रेम के देवता के रूप में
पूजते हैं सभी बुद्धिमान लोग

रे मेरे मन! मधुर
दया दिखा शत्रु पर

प्रेम दिखा उस बाघ पर भी
झपटे जो तुझ पर

शक्ति देवी ने रूप वह धरा हो
समझ, स्तुति कर ले
रे मेरे मन! मधुर
दया दिखा शत्रु पर।

(अनुवादः एस. विवेकानन्द स्वामी)

उन्होंने यह कविता तमिल में लिखी और स्वयं ही अंग्रेजी में इसका अनुवाद किया था।

उनका विजयनाद का गीत जिस पर नृत्य भी किया जाता है, कहता है 'वेट्रि एट्ट दिक्कुम एट्ट...'

मानव-मानव एक समान
एक जाति की हम संतान
यही दृष्टि है खुशी आज की
बजा नगाड़ा, करो घोषणा प्रेम-राज्य की।
बजा नगाड़ा, विजय नाद कर
बजा कि ऐसी अमित भावना गूंजे
जो कि 'प्रेम की जय' को घोषित कर दे
बजा कि सबका भला, सभी की जय हो
इस विशद विश्व में सब कुछ मंगलमय हो।

(अनुवादः एस. विवेकानन्द स्वामी)

गांधीजी से भेंट

भारती ने गांधीजी की प्रशंसा में कविता लिखी, 'बहुत वर्षों तक जीओ, गांधी महात्मा...'

भारती गांधीजी से मद्रास में सन् 1919 में केवल एक बार मिले थे और वह भी कुछ क्षणों के लिए। गांधीजी ने बहुत जल्दी ही न सिर्फ उनकी गरीबी से पीड़ित कमजोर काया को देख लिया था, वरन् उस आग को भी जिससे उनकी आंखें चमक उठती थीं और वह महानता जो उनके प्रभामण्डल पर छाई रहती थीं। जब भारती वहां से चले गये तो गांधीजी ने राजाजी और अन्य कांग्रेसी और देशभक्तों से कहा, ''भारती देश का एक ऐसा रत्न है जिसकी सुरक्षा और

संरक्षण करना चाहिए। क्या तमिलनाडु में ऐसा कोई नहीं है जो यह कर सके?"

उसी वर्ष, भारती ने फिर एक बार 'स्वदेशमित्रन' में सहायक संपादक की नौकरी कर ली। उनकी आय बहुत थोड़ी थी लेकिन भौतिक संपत्ति की कमी से उन्हें कोई फर्क नहीं पड़ता था। वह ज्ञान की संपत्ति से समृद्ध थे और उसी में सन्तुष्ट भी।

अपने आरंभिक दिनों में एक बार जब वह काम के सिलसिले से बाहर गये थे, चेल्लम्माल ने उनसे एक अच्छी साड़ी लाने के लिए कहा। जब भारती पैकिटों से लदे घर लौटे तो चेल्लम्माल की खुशी का ठिकाना न रहा। हालांकि कुछ क्षणों बाद ही जब भारती ने एक के बाद एक पैकिटों को खोलना शुरू किया तो उनकी खुशी निराशा में परिवर्तित हो गई। उन सबमें तमिल साहित्य की मूल्यवान पुस्तकें थीं। केवल आखिरी छोटे से पैकिट में एक साधारण-सी साड़ी थी। भारती ने अपनी पत्नी से प्रसन्नतापूर्वक कहा कि वह ये अमूल्य पुस्तकें विशेषकर उनके लिए लाएं हैं ताकि वह अपने ज्ञान को बढ़ा सकें। चेल्लम्माल में अपनी निराशा को प्रकट कर उनके आनन्द में विघ्न डालने का साहस नहीं था।

बहुत अरसे बाद, अब मद्रास में, भारती की नियमित आय होने लगी, हालांकि वह कम थी। वह सिर्फ 38 वर्ष के थे।

अन्त

लेकिन बहुत जल्दी ही उनका अन्त आ गया। भारती नियमित रूप से मन्दिर जाते थे और वहां मन्दिर के हाथी को नारियल देने में उन्होंने कभी भी चूक नहीं की। एक दिन हाथी मस्ती में था। इस बात से अनभिज्ञ भारती हमेशा की तरह नारियल खिलाने उसके करीब गये। हाथी ने उन्हें अपनी विशाल सूंड़ मारी और वह एक उखड़े हुए पेड़ की तरह गिर गये। वह बुरी तरह घायल हो गये। भीड़ जमा हो गई और उन्हें देखने लगी पर कोई भी पास जाकर उन्हें बचाने की हिम्मत न जुटा पाया। यह खबर जंगल की आग की तरह फैल गई। जैसे ही यह खबर भारती के घनिष्ठ मित्र कानन के कानों तक पहुंची, वह भागे हुए गये और उन्हें बचाया।

अच्छी चिकित्सा होने के कारण, भारती की हालत कुछ हद तक सुधर गई। वह मन से अपने आपको स्वस्थ मानते थे, और इसलिए यह विश्वास करने से

इनकार करते थे कि उनकी सेहत गिर रही है। वह तब तक अपने क्षीण स्वर में गाते रहे जब तब कि 12 सितम्बर सन् 1921. को उनकी आवाज सदा के लिए चुप नहीं हो गई।

जब भारत स्वतन्त्र हुआ तब भारती की रचनाएं विस्तृत रूप से प्रकाशित होने लगीं। आज विश्व के पुस्तकालयों में उनकी किताबें संग्रहित हैं। अन्य भारतीय भाषाओं में अनुवाद होने के साथ-साथ अंग्रेजी, रूसी और फ्रेंच भाषा में भी उनकी पुस्तकों का अनुवाद हुआ है।

सुब्रह्मण्य भारती की याद में एट्टयपुरम में भारती मंडप खड़ा है। यहां, तमिल में महात्मा गांधी द्वारा लिखे शब्दों को पढ़ा जा सकता है, 'जिन्होंने भारती को अमर बनाया उन प्रयासों को मेरा आशीर्वाद'।

मद्रास के समुद्रतट पर भारती की एक प्रतिमा है। ऐसा प्रतीत होता है कि अनन्त लहरों का लयबद्ध शोर, उनकी कविताओं को गुनगुना रहा है। भारत की राजधानी दिल्ली में उनके नाम पर एक सड़क है।

भारती द्वारा रचित उनका आखिरी गीत जो उन्होंने मद्रास के समुद्रतट पर हुई सभा में अपनी मृत्यु से कुछ सप्ताह पहले गाया था। यह उनके बहुत लोकप्रिय गीतों में से एक है—'भारत समुदाय बजागवे'...

भारतीय एक समुदाय अमर हो
जय हो भारत-जन की जय हो।
भारत-जनता की जय जय हो।
जय हो, जय हो, जय हो।

तीस कोटि जन का समान अधिकार
यहां के धन पर होगा।
अनुपम यह रूप देश का
निश्चय विश्व मंच पर होगा।

एक मनुज का कौर दूसरा छीने
यह क्या अब भी सम्भव?
दूजे का दुख मूक भाव से देखे
यह क्या अब भी सम्भव?
ऐसा जीवन! अब भी सम्भव?
इस धरती पर
ऐसा जीवन अब भी सम्भव?

एक हमारा कुटुम्ब कबीला, एक हमारा कुल परिवार
हम सब हैं भारत के वासी, भारतीय आचार-विचार
जाति एक है, मोल एक है, नीति एक है
हम सब हैं भारत के स्वामी।
हां, हां, भाई
हम सब हैं भारत के स्वामी।
भारत पर शासन करने वाली भारत जनता की जय हो, जय हो।
भारतीय समुदाय अमर हो।

(अनुवादः डा. के.ए. जमुना)

मैं

व्योम में विचरते खगवृन्द मैं
मैं ही थलचर प्राणी
वनप्रांतर के तरू मैं
मैं ही हूं पवन, नीर सागर मैं।

फैले आकाश के तारागण मैं हूं
अंतरिक्ष का अनंत शून्य मैं
मिट्टी में चलते हुए कीड़े सब मैं हूं
जलाशयों के समस्त जीव मैं।

कंबन की सकल काव्य-रचना मैं
शिल्पित सुंदर प्रतिमा मैं ही हूं
देख अट्टालिका चमत्कृत रह जायें देव
सुंदर नगर गोपुरम वे सभी हूं मैं।

नारी के कण्ठ में सुरम्य संगीत मैं
शांति सुख सागर समस्त मैं
क्षुद्र नरों के असत्य भाषण प्रपंच में
भारी दुख का समूह मैं ही हूं।

* * *

'मैं' की यह मिथ्या चलाता भी मैं ही हूं
ज्ञान के ज्योतिर्मय व्योम का पथिक मैं
वस्तु जगत के पीछे मैं, केवल एक मैं
ज्ञान आदि ज्योति स्वरूप हूं मैं ही।

(अनुवादः डा० वी.आर. जगन्नाथन्)

राजेन्द्र प्रसाद

नीता बेरी

अनुवादः मनमोहिनी पुरी

"सच्चाई उन आंखों के द्वारा तुम्हारी ओर देखती है। प्रकृति और सच्चाई के अंश के बारे में विवाद हो सकता है; लेकिन उस पूर्ण स्पष्टवादिता और सच्चाई के बारे में कोई विवाद नहीं हो सकता जो राजेन्द्र प्रसाद की आंखों से झलकती है।"

जवाहरलाल नेहरू

राजेन्द्र प्रसाद

रात्रि आधी से अधिक बीत चुकी थी। एक युवक बिस्तर में परेशान-सा करवटें बदल रहा था। उसकी आंखों में नींद का नामोनिशान नहीं था। अपने भीतर का अन्तर्द्वन्द उसे परेशान कर रहा था क्योंकि वह एक उलझन में था।

युवक प्रतिभाशाली और विद्वान था और कलकत्ता के एक योग्य वकील के यहां काम सीख रहा था। भविष्य एक सुन्दर सपने की तरह था। उसका परिवार उस से कई आशायें लगाये बैठा था। वास्तव में उन्हें उस पर गर्व था।

लेकिन उसका मन इस सब में नहीं था। वह केवल धन और सुविधायें पाने के लिये आगे नहीं पढ़ना चाहता था। एकाएक उसकी दृष्टि में इन चीजों का कोई मूल्य नहीं रह गया था।

राष्ट्रीय नेता गोखले के शब्द उसके कानों में बार-बार गूंज उठते थे। "याद रखो, युवको, देश का भी तुम पर अधिकार है... तुम जैसे लोगों पर उस का अधिकार और भी अधिक है।" उनकी मातृभूमि विदेशी शासन में जकड़ी हुई थी और उसे उनकी जरूरत थी। वह उसकी पुकार को कैसे अनसुनी कर सकते थे?

परिवार

लेकिन वह यह भी जानते थे कि एक तरफ देश और दूसरी ओर परिवार की निष्ठा उन्हें भिन्न-भिन्न दिशाओं में खींच रही है। उनका परिवार यह नहीं चाहता था कि वह अपना कार्य छोड़कर राष्ट्रीय आन्दोलन में भाग लें क्योंकि उसके लिए पूरे समर्पण की आवश्यकता होती है। उन्हें अपना रास्ता स्वयं चुनना

पड़ेगा। यह उलझन मानों उनकी आत्मा को झकझोर रही थी।

रात खतम होते-होते उन्होंने मन ही मन कुछ तय कर लिया था। वह स्वार्थी बनकर अपने परिवार को सम्भालने का पूरा भार अपने बड़े भाई पर नहीं डाल सकते थे। उनके पिता का देहान्त हो चुका था। उनके बड़े भाई ने पिता का स्थान लेकर उनका मार्गदर्शन किया था और उच्च आदर्शों को पाने की प्रेरणा दी थी। वह उन्हें अकेला कैसे छोड़ सकते थे?

अगले दिन ही उन्होंने अपने भाई को पत्र लिखा, "मैंने सदा आपका कहना माना है—और यदि ईश्वर ने चाहा तो सदा ऐसा ही होगा।" दिल में यह शपथ लेते हुए कि अपने परिवार को और दुख नहीं देंगे उन्होंने लिखा, "मैं जितना कर सकता हूं करूंगा और सब को प्रसन्न देख कर प्रसन्नता का अनुभव करूंगा।"

लेकिन उनके दिल में उथल-पुथल मची रही। एक दिन वह अपनी आत्मा की पुकार सुनेंगे और स्वयं को पूर्णतया अपनी मातृभूमि के लिये समर्पित कर देंगे।

यह युवक राजेन्द्र प्रसाद थे जो चार दशक पश्चात् स्वतन्त्र भारत के प्रथम राष्ट्रपति बने।

पारिवारिक सम्बन्ध

बिहार प्रान्त के एक छोटे-से अख्यात गांव जीरादेई में 3 दिसम्बर 1884 में राजेन्द्र प्रसाद का जन्म हुआ था। एक बड़े संयुक्त परिवार के वह सबसे छोटे सदस्य थे, इसलिये सबके दुलारे थे। परिवार के सदस्यों के सम्बन्ध गहरे और मृदु थे। अपनी माता और बड़े भाई महेन्द्र प्रसाद से उन्हें बहुत स्नेह था।

इस गांव की आबादी मिश्रित थी मगर सब मजे से इकट्ठे रहते थे। राजेन्द्र प्रसाद की सबसे पहली याद अपने हिन्दू और मुसलमान दोस्तों के साथ 'चिक्का' और 'कबड्डी' खेलने की है। किशोरवय में उन्हें होली के त्योहार का इन्तजार रहता था और उसमें उनके मुसलमान दोस्त भी शामिल होते थे। और मुहर्रम पर हिन्दू ताजिये निकालते थे।

'राजेन बाबू' (राजेन्द्र प्रसाद) को गांव के मठ में रामायण सुनना और स्थानीय रामलीला देखना बड़ा अच्छा लगता था। घर का वातावरण भी ईश्वर पर पूर्ण विश्वास का था। उनकी माता बहुत बार उन्हें रामायण से कहानियां सुनातीं और भजन भी गातीं। उनके चरित्र की दृढ़ता और उदार दृष्टिकोण की आधारशिला बचपन में ही रखी गई थी।

विवाह

गांव का जीवन पुरानी परम्पराओं से भरपूर था। इनमें से एक रिवाज था बाल विवाह, और परम्परा के अनुसार राजेन्द्र प्रसाद का विवाह भी केवल बारह वर्ष की छोटी आयु में हो गया था। यह एक विस्तृत अनुष्ठान था जिसमें वधू के घर पहुंचने में घोड़ों, बैलगाड़ियों और हाथी के जुलूस को दो दिन लगे थे। वर एक चांदी की पालकी में, जिसे चार आदमी उठाते थे, सजे-धजे बैठे थे। रास्ते में उन्हें एक नदी भी पार करनी थी। बरातियों को पार कराने के लिए नाव का इस्तेमाल किया गया। घोड़े और बैलों ने तैरकर नदी पार की मगर इकलौते हाथी ने पानी में उतरने से इनकार कर दिया। परिणाम यह हुआ कि हाथी को पीछे ही छोड़ना पड़ा और राजेन्द्र प्रसाद के पिताजी महादेव सहाय को इसका बड़ा दुख हुआ। अपने गंतव्य स्थान पर पहुंचने से दो मील पहले उन्होंने किसी अन्य विवाह से लौटते दो हाथी देखे। उनसे लेनदेन तय हुआ और परम्परा अनुसार हाथी फिर विवाह के जुलूस में शामिल हो गये।

किसी तरह से यह जुलूस मध्य रात्रि को वधू के घर पहुंचा। लम्बी यात्रा और गर्मी से सब बेहाल हो रहे थे और वर महाशय तो पालकी में ही सो गये थे। बड़ी कठिनाई से उन्हें विवाह की रस्म के लिये उठाया गया।

वधू, राजवंशी देवी, उन दिनों के रिवाज के अनुसार पर्दे में ही रहती थीं। छुट्टियों में घर जाने पर अपनी पत्नी को देखने या उससे बोलने का उन्हें बहुत ही कम अवसर मिलता था। बाद में वह राष्ट्रीय आन्दोलन में शामिल हो गये। तब पत्नी से और भी कम मिल पाते। वास्तव में विवाह के प्रथम पचास वर्षों में शायद पति-पत्नी पचास महीने ही साथ-साथ रहे होंगे। राजेन्द्र प्रसाद अपना सारा समय काम में बिताते और पत्नी बच्चों के साथ जीरादेई गांव में परिवार के अन्य सदस्यों के साथ रहती थीं।

निस्स्वार्थता

बहुत बड़े परिवार में रहने के कारण शुरू से ही राजेन्द्र प्रसाद में अन्य सदस्यों का ध्यान रखने और निस्स्वार्थता का गुण आ गया था। छात्रकाल के दौरान उनके मन में आई.सी.एस. की परीक्षा देने के लिये इंग्लैंड जाने की बड़ी इच्छा थी। लेकिन उन्हें भय था कि परिवार के लोग इतनी दूर जाने की अनुमति

नहीं देंगे। इसलिये उन्होंने बहुत गुप्तरूप से जहाज में इंग्लैंड जाने के लिये सीट का आरक्षण करवाया और अन्य सब प्रबन्ध किये। यहां तक कि इंग्लैंड में पहनने के लिये दो सूट भी सिलवा लिये। लेकिन जिसका उन्हें भय था वही हुआ। उनके पिताजी ने इस प्रस्ताव का जोर से विरोध किया। राजेन्द्र प्रसाद ने बहुत अनिच्छा से इंग्लैंड जाने का विचार छोड़ दिया।

अन्य लोगों के विचारों के प्रति सम्मान का गुण पूरा जीवन उनके साथ रहा। वास्तव में बचपन में विकसित सारे गुण जीवनभर उनके साथ रहे और उन्हें कठिनाइयों का सामना करने का साहस देते रहे।

विद्वान

स्कूल के दिन परिश्रम और मौज-मस्ती का मिश्रण थे। उन दिनों में यह परम्परा थी कि शिक्षा का आरम्भ फारसी की शिक्षा से किया जाये। राजेन्द्र प्रसाद पांच या छह वर्ष के रहे होंगे जब उन्हें और उनके दो चचेरे भाइयों को एक मौलवी साहब पढ़ाने के लिये आने लगे। शिक्षा आरम्भ करने वाले दिन पैसे और मिठाई बांटी जाती हैं। लड़कों ने अपने अच्छे स्वभाव वाले मौलवी साहब के साथ शैतानियां भी कीं मगर मेहनत भी कस कर की। वे सुबह बड़ी जल्दी उठ कर कक्षा के कमरे में पढ़ने के लिये बैठ जाते। यह सिलसिला काफी देर तक चलता और बीच में उन्हें खाने और आराम करने की छुट्टी मिलती। वास्तव में यह कल्पना भी नहीं की जा सकती कि इतने छोटे बच्चे बहुत देर तक ध्यान लगा कर पढ़ाई कर सकें। ये विशेष गुण जीवन पर्यन्त उनमें रहे और इन्हीं ने उन्हें विशिष्टता भी दिलाई।

राजेन्द्र प्रसाद अपने नाजुक स्वास्थ्य के बावजूद भी एक गंभीर एवं प्रतिभाशाली छात्र थे और स्कूल व कॉलेज दोनों में ही उनका परिणाम बहुत अच्छा रहा। कलकत्ता विश्वविद्यालय की प्रवेश परीक्षा में वह प्रथम रहे और उन्हें तीस रुपये महीने की छात्रवृत्ति भी मिली। उन दिनों में तीस रुपये बहुत होते थे लेकिन सबसे बड़ी बात थी कि पहली बार बिहार का एक छात्र परीक्षा में प्रथम आया था। उनके परिवार और उनके लिये यह एक गर्व का क्षण था।

सन् 1902 में राजेन्द्र प्रसाद ने कलकत्ता के प्रेसीडेंसी कॉलेज में प्रवेश लिया। यह सरल स्वभाव और निष्कपट युवक बिहार की सीमा से पहली बार बाहर निकल कर कलकत्ता जैसे बड़े शहर में आया था। अपनी कक्षा में जाने

पर वह अपने साथी छात्रों को ताकता रह गया। सबके सिर नंगे थे और वे सब पश्चिमी वेषभूषा की पतलून और कमीज पहने थे। उन्होंने सोचा ये सब एंग्लो-इंडियन हैं लेकिन जब हाजिरी बोली गई तो उन्हें यह जान कर आश्चर्य हुआ कि सबके नाम हिन्दुस्तानी थे।

राजेन्द्र प्रसाद का नाम हाजिरी के समय नहीं पुकारा गया तो वह बहुत हिम्मत करके खड़े हुए और प्राध्यापक को बताया। प्राध्यापक उनके देहाती कपड़ों को घूरता ही रहा। वह सदा की तरह कुर्ता-पाजामा और टोपी पहने थे।

''ठहरो। मैंने अभी स्कूल के लड़कों की हाजिरी नहीं ली,'' प्राध्यापक ने तीखे स्वर में कहा। वह शायद उन्हें एक स्कूल का लड़का समझ रहा था। राजेन्द्र प्रसाद ने हठ किया कि वह प्रेसीडेंसी कॉलेज के छात्र हैं और अपना नाम भी बताया। अब कक्षा के सब छात्र उन्हें घूरने लगे क्योंकि यह नाम तो उन दिनों सबकी जबान पर था। उस वर्ष राजेन्द्र प्रसाद नाम का लड़का विश्वविद्यालय में प्रथम आया था। गलती को तुरन्त सुधारा गया और इस तरह राजेन्द्र प्रसाद का कॉलेज जीवन आरम्भ हुआ।

आत्मविश्वास

वर्ष के आखिर में एक बार फिर गलती हुई। जब प्रिंसीपल ने एफ.ए. में उत्तीर्ण छात्रों के नाम लिये तो राजेन्द्र प्रसाद का नाम सूची में नहीं था। राजेन्द्र प्रसाद को अपने कानों पर विश्वास नहीं आया क्योंकि इस परीक्षा के लिये उन्होंने बहुत परिश्रम किया था। आखिर वह खड़े हुए और सम्भावित गलती की ओर संकेत किया।

प्रिंसीपल ने तुरन्त उत्तर दिया कि वह फेल हो गये होंगे। उन्हें इस मामले में तर्क नहीं करना चाहिये।

''लेकिन, लेकिन, सर,'' राजेन्द्र प्रसाद ने हकलाकर, घबराते हुए कहा। इस समय उनका हृदय धक-धक कर रहा था।

''पांच रुपया जुर्माना,'' क्रोधित प्रिंसीपल ने गुर्राकर कहा।

राजेन्द्र प्रसाद ने साहस करके फिर बोलना चाहा।

''दस रुपया जुर्माना,'' लाल-पीला होते हुए प्रिंसीपल चिल्लाया। राजेन्द्र प्रसाद बहुत घबरा गये। अगले कुछ क्षणों में जुर्माना बढ़कर 25 रुपये तक पहुंच गया। एकाएक हैड क्लर्क ने उन्हें पीछे से बैठ जाने का संकेत किया। एक गलती हो गई थी! पता चला कि वास्तव में राजेन्द्र प्रसाद कक्षा में प्रथम

आये थे। उनके नम्बर उनकी प्रवेश परीक्षा से भी इस बार बहुत अधिक थे। प्रिंसीपल नया था। इसलिये उसने इस प्रतिभाशाली छात्र को नहीं पहचाना था।

राजेन्द्र प्रसाद की छात्रवृत्ति दो वर्ष के लिये बढ़ाकर 50 रुपया प्रति मास कर दी गई। उसके बाद स्नातक की परीक्षा में उन्हें विशिष्ट स्थान मिला।

यद्यपि वह सदा विनम्र बने रहे मगर उन्होंने यह महत्वपूर्ण पाठ पढ़ लिया था कि अपने संकोच को दूर कर स्वयं में आत्मविश्वास पैदा करना ही होगा। अपने कॉलेज के दिनों में उनको सदा योग्य अध्यापकों का समर्थन मिला जिन्होंने अपने छात्रों को आगे बढ़ने की प्रेरणा एवं उच्च आचार-विचार की शिक्षा दी।

जागरूकता

उन दिनों बंगाल में सांस्कृतिक और सामाजिक जागृति हो रही थी। भारतीय इतिहास में यह संकट का समय था। सन् 1905 में हुए बंगाल के विभाजन ने जनता में राजनैतिक जागरूकता को विकसित कर दिया था।

राजेन्द्र प्रसाद एक बार की बात स्मरण करके कहते हैं, "उन दिनों का वातावरण... नये जीवन और नई आकांक्षाओं से भरा हुआ था। मैं उनके प्रभाव से बच नहीं पा रहा था।"

वह डॉन सोसाइटी के सदस्य बन गये जो छात्रों को अपनी भारतीय विरासत पर गर्व करना सिखाती थी। इसके बाद जल्दी ही राजेन्द्र प्रसाद सार्वजनिक और सामाजिक कार्यों की ओर आकर्षित हुए। उन्होंने कलकत्ता में एक बिहारी क्लब बनाया जिसने आरम्भ में बिहार की स्थिति सुधारने और वहां के छात्रों की मदद करने का कार्य किया। बाद के वर्षों में यह क्लब कल्याण कार्यों का मंच बना। वास्तव में राजेन्द्र प्रसाद के सार्वजनिक जीवन के लिये यह अच्छा प्रशिक्षण था।

बंगाल का विभाजन लोगों में बढ़ती हुई राष्ट्रीयता की भावना को जानबूझकर दिया गया धक्का माना गया। इसने तिलक, लाला लाजपत राय और विपिनचन्द्र पाल जैसे नेताओं द्वारा आरम्भ किये स्वदेशी और बहिष्कार आन्दोलन— (भारतीय चीजों का इस्तेमाल और ब्रिटिश चीजों का बहिष्कार) —ने आग में घी का काम किया। उन्होंने इस आन्दोलन को कुछ पाश्चात्य रंग में रंगे भारतीयों के हाथों से निकालकर जनता तक पहुंचाया। इस आन्दोलन के कारण लोगों ने भारतीय वस्तुओं पर गर्व करना सीखा और लोग भारतीय उद्योग को प्रोत्साहन देने लगे।

स्वदेशी

राजेन्द्र प्रसाद भी नये आन्दोलन की ओर आकर्षित हुए। अब पहली बार उन्होंने पुस्तकों की तरफ कम ध्यान देना शुरू किया। स्वदेशी और बहिष्कार आन्दोलन ने उनके छात्रालय के छात्रों को बहुत प्रभावित किया। उन्होंने सब विदेशी कपड़ों को जलाने की कसम खाई। एक दिन सबके बक्से खोल कर विदेशी कपड़े निकाले गये और उनकी होली जला दी गई। जब राजेन्द्र प्रसाद का बक्सा खोला गया तो एक भी विदेशी कपड़ा न निकला। यह उनके देहाती पालन-पोषण के कारण नहीं था। बल्कि स्वतः ही उनका झुकाव देशी चीजों की ओर था।

गोपाल कृष्ण गोखले ने सन् 1905 में सर्वेन्टस ऑफ इंडिया सोसाइटी आरम्भ की थी। उनका ध्येय था ऐसे राष्ट्रीय स्वयं सेवक तैयार करना जो भारत में संवैधानिक सुधार करें। इस योग्य युवा छात्र से वह बहुत प्रभावित थे और उन्होंने राजेन्द्र प्रसाद को इस सोसाइटी में शामिल होने के लिये प्रेरित किया। लेकिन परिवार की ओर अपने कर्त्तव्य के कारण राजेन्द्र प्रसाद ने गोखले की पुकार को उस समय अनसुना कर दिया। लेकिन वह याद करते हैं, "मैं बहुत दुखी था।" और जीवन में पहली बार बी.एल. की परीक्षा में वह कठिनाई से पास हुए थे।

वह अब वकालत की दहलीज पर खड़े थे। उन्होंने जल्दी ही मुकदमों को अच्छी प्रकार और ईमानदारी से करने के लिये ख्याति पा ली।

सन् 1915 में कानून में मास्टर की डिग्री में विष्टिता पाने के लिए उन्हें सोने का मेडल मिला। इसके बाद उन्होंने कानून में डॉक्टरेट भी कर ली। अब वह डॉ. राजेन्द्र प्रसाद हो गये।

इन वर्षों में वह कई प्रसिद्ध वकीलों, विद्वानों और लेखकों से मिले। वह भारतीय कांग्रेस कमेटी के सदस्य भी बन गये। उनके मस्तिष्क में राष्ट्रीयता ने जड़ें जमा ली थीं।

चम्पारन

ब्रिटिश शासक के अन्याय के प्रति हमारा दब्बूपन अब विरोध में बदल रहा था।

सन् 1914 में प्रथम विश्व युद्ध आरम्भ होने पर लोगों के लिये नई कठिनाइयां उत्पन्न हो गईं—जैसे भारी कर, खाद्य पदार्थों की कमी, कीमतों का बढ़ना और

बेरोजगारी। सुधार का कोई संकेत नहीं मिल रहा था।

जब कलकत्ता में सन् 1917 के दिसम्बर मास में ऑल इंडिया कांग्रेस कमेटी का अधिवेशन हुआ तो भारत में उथल-पुथल मची हुई थी। राजेन्द्र प्रसाद भी इस अधिवेशन में शामिल हुए। उनके साथ ही एक सांवले रंग का दुबला-पतला आदमी बैठा था मगर उसकी आंखें बड़ी तेज और चमकीली थीं। राजेन्द्र प्रसाद ने सुना था कि वह दक्षिण अफ्रीका से आया है लेकिन अपने स्वाभाविक संकोच के कारण वह उससे बातचीत न कर सके।

यह व्यक्ति और कोई नहीं महात्मा गांधी ही थे। वह अभी-अभी दक्षिण अफ्रीका में सरकारी दमन के विरुद्ध संघर्ष कर के भारत लौटे थे। राजेन्द्र प्रसाद को उस समय पता नहीं था कि यह सांवला पैनी आंखों वाला व्यक्ति ही उनके भविष्य के जीवन को आकार देगा।

गांधीजी ने अपना प्रथम प्रयोग बिहार के चम्पारन जिले में किया जहां कृषकों की दशा बहुत ही दयनीय थी। ब्रिटिश लोगों ने बहुत सारी धरती पर नील की खेती आरम्भ कर दी थी जो उनके लिये लाभदायक थी। भूखे, नंगे, कृषक किरायेदार को नील उगाने के लिये जबरदस्ती की जाती। यदि वे उनकी आज्ञा नहीं मानते तो उन पर जुर्माना किया जाता और क्रूरता से यन्त्रणा दी जाती एवं उनके खेत और घरों को नष्ट कर दिया जाता था। जब भी झगड़ा हाई कोर्ट में पेश हुआ, तब-तब वास्तव में राजेन्द्र प्रसाद ने सदा बिना फीस लिये इन कृषकों का प्रतिनिधित्व किया। लेकिन फिर भी वे निरन्तर जानवरों जैसी स्थिति में रहते आ रहे थे।

गांधीजी को चम्पारन में हो रहे दमन पर विश्वास नहीं हुआ और वास्तविकता का पता लगाने वह कलकत्ता अधिवेशन के बाद स्वयं बिहार गये। महात्मा गांधी के साथ चम्पारन का एक कृषक नेता था जो उन्हें पहले राजेन्द्र प्रसाद जी के घर, पटना में ले गया। घर में केवल नौकर था। गांधीजी को एक किसान मुवक्किल समझकर उसने बड़ी रुखाई से उन्हें बाहर बैठने के लिये कहा। कुछ समय बाद गांधीजी अपनी चम्पारन की यात्रा पर चल दिये।

नील कर साहब और यहां के सरकारी अधिकारियों को डर था कि गांधीजी के आने से गड़बड़ न हो जाये। इसलिये उन्हें सरकारी आदेश दिया गया कि तत्काल जिला छोड़ कर चलें जायें।

गांधीजी ने वहां से जाने से इनकार कर दिया और उत्तर दिया कि वह आन्दोलन करने नहीं आये। केवल पूछताछ से जानना चाहते हैं। बहुत बड़ी

संख्या में पीड़ित किसान उनके पास अपनी दुख की कहानियां लेकर आने लगे। अब उन्हें कचहरी में पेश होने के लिये कहा गया।

गांधीजी से भेंट

बाबू राजेन्द्र प्रसाद की ख्याति कि वह बहुत समर्पित कार्यकर्त्ता हैं, गांधीजी के पास पहुंच चुकी थी। गांधीजी ने राजेन्द्र प्रसाद को चम्पारन की स्थिति बताते हुए एक तार भेजा और कहा कि वह तुरन्त कुछ स्वयंसेवकों को साथ लेकर वहां आ जायें। बाबू राजेन्द्र प्रसाद का गांधीजी के साथ यह पहला सम्पर्क था। वह उनके अपने जीवन में ही नही बल्कि भारत की राष्ट्रीयता के इतिहास में भी, एक नया मोड़ था।

राजेन्द्र प्रसाद तुरत-फुरत चम्पारन पहुंचे और गांधीजी में उनकी दिलचस्पी जागी। पहली बार मिलने पर उन्हें गांधीजी की शक्ल या बातचीत किसी ने भी प्रभावित नहीं किया था। हां, वह अपने नौकर का गांधीजी से किये दुर्व्यवहार से जिसके बारे में उन्होंने सुना था, बहुत शरमिन्दा थे।

उस रात गांधीजी ने जागकर वाइसराय और कई भारतीय नेताओं को पत्र लिखे और कचहरी में पेश करने के लिये अपना बयान भी लिखा। उन्होंने केवल एक बार रुक कर बाबू राजेन्द्र प्रसाद और उनके साथियों से पूछा कि यदि उन्हें जेल भेज दिया गया तो वे क्या करेंगे। एक स्वयंसेवक ने हंसते हुए कहा कि तब उनका काम भी खतम हो जायेगा और वे सब अपने घर चले जायेंगे।

इस समय इस बात ने राजेन्द्र प्रसाद जी के दिल को छू लिया और उस में हलचल मच गई। यह एक ऐसा आदमी है जो इस प्रान्त का निवासी नहीं है और किसानों के अधिकारों के लिये जी-जान से संघर्ष कर रहा है। वह न्याय के लिए जेल भी जाने को तैयार है। और यहां हमारे जैसे बिहारी जो अपने क्षेत्र के किसानों की मदद करने पर गर्व करते हैं लेकिन फिर भी हम सब घर चले जायेंगे!

इस अजीबोगरीब स्थिति ने उन्हें चौंका दिया। वह इस छोटे-से आदमी को आश्चर्यचकित से ताकते रहे। जिन लोगों को वह जानते थे उनमें से किसी ने भी कभी जेल जाने का सपना तक नहीं देखा था। वकीलों के लिए जेल एक गन्दा शब्द था। जेल केवल अपराधियों के लिए था। अपराधी भी जेल की सख्ती से बचने के लिए अधिकारियों को बड़ी-बड़ी रकमें देते थे। और यह आदमी जाने कहां से आकर जेल जाने की बात कर रहा था। उसका भी तो

घर और परिवार होगा।

अगली सुबह तक गांधीजी के निस्स्वार्थ उदाहरण ने बाबू राजेन्द्र प्रसाद और उनके साथियों का दिल जीत लिया था। अब वे उनके साथ जेल जाने के लिए तैयार थे।

कचहरी में गांधीजी ने कहा कि उन्होंने चम्पारन छोड़ने का अधिकारियों का आदेश अपनी आत्मा की आवाज सुन कर ही नहीं माना था। वह जेल जाने को तैयार हैं। बाबू राजेन्द्र प्रसाद और उनके साथी जब तक गिरफ्तार नहीं कर लिये जाते और उनका स्थान अन्य नेता नहीं ले लेते पूछताछ का काम जारी रखेंगे। उस दिन दूर-दूर के गांवों से इतने लोग कचहरी में गांधीजी को सुनने आये कि वहां का दरवाजा ही टूट गया।

विजय

यह एक चमत्कार के समान था। गांधीजी का निडरता से होकर सत्य और न्याय पर अड़े रहने से सरकार बहुत प्रभावित हुई। मुकदमा वापस ले लिया गया और वह अब पूछताछ के लिए स्वतन्त्र थे। यहां तक कि अधिकारियों को भी उनकी मदद करने के लिये कहा गया।

यह सत्याग्रह की पहली विजय थी। स्वाधीनता संघर्ष में गांधीजी का यह महत्वपूर्ण योगदान था। सत्याग्रह ने हमें सिखाया कि निर्भय होकर दमनकारी के विरुद्ध अपने अधिकारों के लिए अहिंसात्मक तरीके से अड़े रहो।

राजेन्द्र प्रसाद चम्पारन आन्दोलन के दौरान गांधीजी के वफादार साथी बन गये। करीब 25,000 किसानों के बयान लिखे गये और अन्ततः यह काम उन्हें ही सौंप दिया गया।

बिहार और उड़ीसा की सरकारों ने अन्ततोगत्वा इन रिपोर्टों के आधार पर एक अधिनियम पास करके चम्पारन के किसानों को लम्बे वर्षों के अन्याय से छुटकारा दिलाया।

सत्याग्रह की वास्तविक सफलता लोगों के हृदय पर विजय थी। गांधीजी के आदर्शवाद, साहस और व्यावहारिक सक्रियता से प्रभावित होकर राजेन्द्र प्रसाद अपने पूरे जीवन के लिये उनके समर्पित अनुयायी बन गये। वह याद करते हैं, "हमारे सारे दृष्टिकोण में परिवर्तन हो गया था... हम नये विचार, नया साहस और नया कार्यक्रम लेकर घर लौटे।"

सेवा

बाबू राजेन्द्र प्रसाद के हृदय में मानवता के लिये असीम दया थी। 'स्वार्थ से पहले सेवा', शायद उनके जीवन का ध्येय था।

जब सन् 1914 में बंगाल और बिहार के लोग बाढ़ से पीड़ित हुए तो उनकी दयालु प्रकृति लोगों की वेदना से बहुत प्रभावित हुई। उस समय वह स्वयंसेवक बन नाव में बैठ कर दिन-रात पीड़ितों को भोजन और कपड़ा बांटते। रात को वह निकट के रेलवे स्टेशन पर सो जाते। इस मानवीय कार्य के लिये जैसे उनकी आत्मा भूखी थी और यहीं से उनके जीवन में निस्स्वार्थ सेवा का आरम्भ हुआ।

गांधीजी के निकट सम्बन्ध के कारण उनके पुराने विचारों में एक क्रान्ति आई और वह सब चीजों को नये दृष्टिकोण से देखने लगे। उन्होंने महात्मा गांधी के मानवीय विकास और समाज सुधार के कार्यों में भरसक सहायता की। उन्होंने महसूस किया, 'विदेशी ताकतों का हम पर राज करने का मूल कारण हमारी कमजोरी और हमारे सामाजिक ढांचे में दरारे हैं।'

अस्पृश्यता का अभिशाप जो प्राचीन समय से चला आ रहा था भारतीय समाज की एक ऐसी कुरीति थी जिस के द्वारा नीची जातियों को ऐसे दूर रखा जाता था मानों वे कोई छूत की बीमारी हो। उन्हें मन्दिरों के भीतर नहीं जाने दिया जाता था। यहां तक कि गांव में कुए से पानी भी नहीं भरने देते थे।

लेकिन समाज के बदलने से पहले अपने को बदलने का साहस होना चाहिये। ''यह बात सच थी,'' राजेन्द्र प्रसाद ने स्वीकार किया, ''मैं ब्राह्मण के अलावा किसी का छूआ भोजन नहीं खाता था। चम्पारन में गांधीजी ने उन्हें अपने पुराने विचारों को छोड़ देने के लिये कहा। आखिरकार उन्होंने समझाया कि जब वे साथ-साथ एक ध्येय के लिये कार्य करते हैं तो उन सबकी केवल एक जाति होती है अर्थात वे सब साथी कार्यकर्त्ता हैं।''

डॉ. राजेन्द्र प्रसाद जी ने सादा जीवन अपनाया और नौकरों की संख्या कम करके एक कर दी। वह स्मरण करते हैं, ''सच तो यह है कि हम सब कुछ स्वयं ही करते थे। यहां तक कि अपने कमरे में झाड़ू लगाना, रसोईघर साफ करना, अपना बर्तन मांजना-धोना, अपना सामान उठाना और अब गाड़ी में भी तीसरे दरजे में यात्रा करना अपमानजनक नहीं लगता था।''

देश ने गांधीजी के हरिजन आन्दोलन में बहुत उत्साह दिखाया। बिहार ने प्रतिज्ञा की कि वह इस कुरीति को और हरिजनों के कल्याण के लिये किये कार्य

द्वारा हटायेंगे। दक्षिण भारत को उन्होंने 'अस्पृश्यता का गढ़' कहा। राजेन्द्र प्रसाद वहां सी. राजगोपालाचारी के साथ गये और बहुत प्रयास किया कि मन्दिरों के द्वार हरिजनों के लिये खोल दिए जायें। उन्हें कुछ सफलता भी मिली। उन्होंने गांव के कुंए का उपयोग करने के अधिकार के लिए भी लड़ाई की। इस सुविधा को भी अन्य सुविधाओं के साथ स्वीकार कर लिया गया।

राहत कार्य

जनवरी सन् 1934 में बिहार को एक भयंकर भूकम्प ने झिंझोड़ दिया। जीवन और सम्पत्ति की बहुत हानि हुई। राजेन्द्र प्रसाद अपनी अस्वस्थता के बावजूद भी राहत कार्य में जुट गये। वह उन लोगों के लिये जिन के घर नष्ट हो गये थे, भोजन, कपड़ा और दवाइयां इकट्ठी करते। भूकम्प के पश्चात् बिहार में बाढ़ और मलेरिया का प्रकोप हुआ और जनता की तकलीफों में बढ़ोतरी हो गई। इस भूकम्प और बाढ़ प्रभावित क्षेत्र में काम करने में गांधीजी ने राजेन्द्र प्रसाद का साथ दिया।

कुछ समय पश्चात् उत्तर-पश्चिम में कोयटा नगर में, मई सन् 1935 में भयंकर भूकम्प आया और उस क्षेत्र में भीषण विनाश लीला हुई। सरकारी प्रतिबन्धों के कारण राजेन्द्र प्रसाद तुरन्त वहां पहुंच न सके। इसके बजाये उन्होंने पंजाब और सिन्ध में राहत कमेटियां बना दीं जो भूकम्प द्वारा बेघर और वहां से आये लोगों को राहत देने का काम करने लगीं।

राजेन्द्र प्रसाद बड़ी हिम्मत से साम्प्रदायिक तनाव को कम करने, स्त्रियों की स्थिति में सुधार और गांवों में खादी और उद्योगों का विकास एवं राष्ट्र के अन्य निर्माण कार्य में लगे रहे। यह कार्य वह अपने जीवन के अन्तिम दिनों तक करते रहे। उनकी मानवता आदमी के भीतर की अच्छाई को छू जाती थी।

राजनीति के भंवर में

राजेन्द्र प्रसाद ने अन्य नेताओं के साथ राष्ट्र निर्माण का अति विशाल कार्य अपने जिम्मे ले लिया। उस समय उनके भीतर जल रही राष्ट्रीयता की ज्वाला को कोई बुझा नहीं सकता था। राजेन्द्र प्रसाद गांधीजी के बहुत निष्ठावान अनुयायी थे। उन्होंने स्वयं को पूरी तरह स्वाधीनता संग्राम के लिए समर्पित कर

दिया। उन्हें और पूरे भारत को गांधी के रूप में आन्दोलन के लिये नया नेता और सत्याग्रह व असहयोग के रूप में एक नया अस्त्र मिला।

विश्व इतिहास में ऐसा उदाहरण नहीं मिलेगा जहां इतने निरस्त्र लोग अहिंसा अपनाकर इतनी बहादुरी से लड़े हों। सत्य और न्याय के आदर्शों को धारण करके उनका ब्रिटिश शासन को हिलाने का निश्चय दृढ़ होता जा रहा था।

सरकार ने अपने दमनकारी अस्त्रों से इस उत्साह को दबाने का प्रयास किया। मार्च सन् 1919 में रौलेट एक्ट पास किया गया। इसके द्वारा जज राजनैतिक मुकदमों को जूरी के बिना सुन सकते थे और सन्देहास्पद राजनैतिक लोगों को बिना किसी प्रक्रिया के जेल में डाला जा सकता था।

लोगों का असन्तोष बढ़ता गया। गांधीजी ने पूरे देश में छः अप्रैल सन् 1919 को हड़ताल बुलाई। "सारा काम ठप्प हो गया... यहां तक कि गांवों में भी किसानों ने हल एक ओर रख दिये," राजेन्द्र प्रसाद ने टिप्पणी की।

लेकिन सरकार का अत्याचार बढ़ता गया। अमृतसर के जलियांवाला बाग में 13 अप्रैल सन् 1919 में एक विरोध सभा में ढेर सारे निरस्त्र लोग मारे गये और कई घायल हुए।

असहयोग आन्दोलन

राजेन्द्र प्रसाद इस बात से बहुत क्रोधित हो उठे और उन्होंने बहुत निर्भीकता से बिहार की जनता से गांधीजी के नेतृत्व में असहयोग आन्दोलन को स्वीकार करने की अपील की। यह ऐसा समय था जब देश के लिये कोई भी बलिदान बहुत बड़ा नहीं था। बाबू राजेन्द्र प्रसाद ने अपनी फलती-फूलती वकालत छोड़ कर पटना के निकट सन् 1921 में एक नेशनल कॉलेज खोला। हजारों छात्र और प्रोफेसर जिन्होंने सरकारी संस्थाओं का बहिष्कार किया था यहां आ गये। फिर इस कॉलेज को गंगा के किनारे सदाकत आश्रम में ले जाया गया। अगले 25 वर्षों के लिये यह राजेन्द्र प्रसाद जी का घर था।

बिहार में असहयोग आन्दोलन 1921 में दावानल की तरह फैल गया। राजेन्द्र प्रसाद दूर-दूर की यात्रायें करते, सार्वजनिक सभायें बुलाते, जिससे सबसे सहायता ले सकें और धन इकट्ठा कर सकें। उनके लिये यह एक नया अनुभव था। "मुझे अब रोज सभाओं में बोलना पड़ता था इसलिये मेरा स्वाभाविक संकोच दूर हो गया..." साधारणतया करीब 20,000 लोग इन सभाओं में

उपस्थित होते। उनके नेतृत्व में गांवों में सेवा समितियों और पंचायतों का संगठन किया गया। लोगों से अनुरोध किया गया कि विदेशी कपड़ों का बहिष्कार करें और खादी पहनें व चर्खा कातना आरम्भ करें।

यह अनिवार्य था कि राजनीति का दृश्य बदले। राजेन्द्र प्रसाद ने जागरूकता का वर्णन इस तरह किया है, "अब राजनीति शिक्षितों और व्यवसायी लोगों के कमरों से निकल कर देहात की झोंपड़ियों में प्रवेश कर गई थी और इसमें हिस्सा लेने वाले थे किसान।"

सरकार ने इसके उत्तर में अपना दमन चक्र चलाया। हजारों लोग जिनमें लाला लाजपत राय, जवाहरलाल नेहरू, देशबन्धु चितरंजन दास और मौलाना आजाद जैसे प्रसिद्ध नेता गिरफ्तार कर लिये गये।

आन्दोलन का अनोखापन था उसका अहिंसक होना। लेकिन फरवरी सन् 1922 में गांधीजी ने सविनय अवज्ञा आन्दोलन की पुकार दी किन्तु चौरी चौरा (उत्तर प्रदेश) में हिंसा की घटनायें होने पर गांधीजी ने सविनय अवज्ञा आन्दोलन स्थगित कर दिया। उन्हें लगा कि हिंसा न्यायसंगत नहीं है। और राजनैतिक सफलता को कुछ समय के लिये स्थगित किया जाना ही अच्छा है जिससे नैतिक असफलता से बचा जा सके।

कई नेताओं ने आन्दोलन को स्थगित करने के लिये गांधीजी की कड़ी आलोचना की लेकिन राजेन्द्र प्रसाद ने दृढ़ता से उनका साथ दिया। उन्हें गांधीजी की बुद्धिमत्ता पर पूर्ण विश्वास था।

नमक सत्याग्रह

नमक सत्याग्रह का आरम्भ गांधीजी ने समुद्र तट की ओर यात्रा करके डांडी में किया जिससे नमक कानून का उल्लंघन वह कर सकें। डांडी, साबरमती आश्रम से 320 किलोमीटर दूर थी। नमक की जरूरत हवा और पानी की तरह सब को है और उन्होंने महसूस किया कि नमक पर कर लगाना अमानुषिक कार्य था।

यह पूरे राष्ट्र को सक्रिय होने का संकेत था। बिहार में नमक सत्याग्रह का आरम्भ राजेन्द्र प्रसाद के नेतृत्व में हुआ। पुलिस आक्रमण के बावजूद नमक कानून के उल्लंघन के लिये पटना में नखास तालाब चुना गया। स्वयंसेवकों के दल उत्साहपूर्वक एक के बाद एक आते और नमक बनाने के लिये गिरफ्तार कर लिये जाते। राजेन्द्र प्रसाद ने अहिंसक रहने के लिए स्वयंसेवकों से अपील

की। कई स्वयंसेवक गम्भीर रूप से घायल हुए।

नमक सत्याग्रह के प्रति पुलिस के अत्याचार इतने बढ़ गये कि जनता में रोष उत्पन्न हो गया क्योंकि वे उलट कर पुलिस को मारते नहीं थे और सरकार को अन्त में पुलिस को वहां से हटाना पड़ा। अब स्वयंसेवक नमक बना सकते थे।

राजेन्द्र प्रसाद ने उस निर्मित नमक को बेच कर धन इकट्ठा किया। जिस कानून को वह न्यायसंगत नहीं समझते थे उसे तोड़ने से कोई भी चीज़ उन्हें रोक नहीं सकती थी। एक बार तो वह पुलिस की लाठियों द्वारा गम्भीर रूप से घायल हो गये थे।

उन्हें छः महीने की जेल हुई। यह उनकी पहली जेल यात्रा थी।

सन् 1934 में भूकम्प पीड़ितों के लिए राहत कार्य करने के दौरान राजेन्द्र प्रसाद के भाई महेन्द्र प्रसाद का निधन हो गया। राजेन्द्र बाबू ने लिखा है, ''इस संकट काल में मेरे भाई के देहान्त से मुझे भारी धक्का लगा और अपने मन को सान्त्वना देने के लिए मैंने गीता का सहारा लिया।''

राजेन्द्र प्रसाद इण्डियन नेशनल कांग्रेस के एक से अधिक बार अध्यक्ष रहे।

अक्तूबर सन् 1934 में बम्बई में हुए इण्डियन नेशनल कांग्रेस के अधिवेशन की अध्यक्षता राजेन्द्र प्रसाद ने की। उन्होंने गांधीजी की सलाह से अपने अध्यक्षीय भाषण को अन्तिम रूप दिया। सही बात का समर्थन करना सभा की कार्यवाही में प्रतिबिम्बित होता है। जब गांधीजी ने उनसे पूछा कि उन्होंने पंडित मदन मोहन मालवीय जैसे गणमान्य नेता को (कम्युनल एवार्ड पर) दूसरी बार बोलने से कैसे मना कर दिया तो उन्होंने उत्तर में कहा कि ऐसा निर्णय उन्होंने कांग्रेस के अध्यक्ष होने के नाते लिया था न कि राजेन्द्र प्रसाद के रूप में।

अपने अध्यक्षीय भाषण में उन्होंने सक्रिय, गतिशील, अंहिसात्मक सामूहिक कार्य और अन्तहीन बलिदान को स्वाधीनता का मूल्य बताते हुए उन पर जोर दिया।

अपनी बीमारी के बावजूद कांग्रेस अध्यक्ष की हैसियत से उन्होंने बहुत दौरे किये।

कांग्रेस की स्वर्ण जयन्ती (सन् 1885-1935) मनाई गई और कांग्रेस अध्यक्ष ने अपने संदेश में कहा, ''यह दिन स्मरण करने और अपने निश्चय को दोहराने का है कि हम पूर्ण स्वराज्य लेंगे, जो स्वर्गीय तिलक के शब्दों में हमारा जन्म सिद्ध अधिकार है।''

श्री सुभाषचन्द्र बोस के अप्रैल सन् 1939 में कांग्रेस अध्यक्षता (त्रिपुरी) से त्यागपत्र देने के बाद राजेन्द्र प्रसाद फिर अध्यक्ष चुने गये। वह अपना बहुत

सारा समय कांग्रेस के भीतरी झगड़ों को निबटाने में लगाते। कवि रवीन्द्रनाथ टैगोर ने उन्हें लिखा, "अपने मन में मुझे पूर्ण विश्वास है कि तुम्हारा व्यक्तित्व घायल आत्माओं पर मरहम का काम करेगा और अविश्वास और गड़बड़ के वातावरण को शान्ति और एकता के वातावरण में बदल देगा।"

स्वाधीनता की ओर

हमारे स्वतन्त्रता संग्राम के इतिहास में सन् 1939-47 तक के वर्ष बड़े महत्वपूर्ण थे। हम धीरे-धीरे स्व-प्रशासन की ओर बढ़ रहे थे।

इस समय साम्प्रदायिक दुर्भावनाओं के रूप में एक उपद्रवी तत्व उत्पन्न हो गया था। यह देखकर राजेन्द्र प्रसाद को बहुत निराशा हुई कि यह भावना बढ़ती जा रही है। जीरादेई में उन्होंने बचपन बड़े आनन्द से दोनों सम्प्रदायों की सद्भावना की छत्रछाया में बिताया था। उन्होंने अपने संघर्ष के अन्तिम दौर के दौरान दोनों सम्प्रदायों को शान्त रहने की प्रार्थना करते हुए कहा, "यह तो अनिवार्य है कि दलों में विचारों की भिन्नता हो लेकिन इसका अर्थ यह नहीं कि हम एक-दूसरे का सिर फोड़ दें।"

मोहम्मद अली जिन्ना ने पाकिस्तान को अपनी पार्टी, मुस्लिम लीग का ध्येय घोषित कर दिया था। लेकिन विभाजन का विचार राजेन्द्र प्रसाद के सिद्धांतों और दृष्टिकोण के बिलकुल विरुद्ध था। उन्हें इस विचार में कोई ऐसा व्यावहारिक हल नहीं मिला। जब भी बिहार में सम्प्रदायिक दंगे होते, राजेन्द्र प्रसाद तुरत-फुरत वहां पहुंचते। उन्हें वहां के हृदय विदारक दृश्य देखकर बड़ा धक्का लगा। वह हमेशा विवेकपूर्ण बातें करते।

शान्ति का स्वर

द्वितीय विश्वयुद्ध की समाप्ति पर ब्रिटेन ने महसूस किया कि अब भारत के साथ और अधिक समय चिपके रहना कठिन है। ब्रिटिश प्रधानमन्त्री क्लीमेंट एटली ने घोषणा की कि वह भारतीय नेताओं के साथ देश के विधान और सत्ता की तबदीली के बारे में विचार-विमर्श करेंगे। स्वाधीनता निकट ही दिखाई दे रही थी।

सन् 1946 में भारत आने वाले ब्रिटिश कैबिनेट मिशन के प्रयास असफल रहे थे। यद्यपि केन्द्रीय और प्रांतीय विधान मंडलों के चुनाव और एक अन्तरिम

राष्ट्रीय सरकार बनाने का प्रस्ताव स्वीकार कर लिया गया था।

सन् 1946 में जवाहरलाल नेहरू के नेतृत्व में बारह मंत्रियों के साथ एक अन्तरिम सरकार बनी। राजेन्द्र प्रसाद कृषि और खाद्य मन्त्री नियुक्त हुए। यह काम उन्हें पसन्द था और वह तुरन्त काम में जुट गये। देश में इस समय खाद्य पदार्थों की बहुत कमी थी और उन्होंने खाद्य पदार्थों का उत्पादन बढ़ाने के लिये एक योजना बनाई।

लेकिन साम्प्रदायिकता की समस्या को सुलझाया नहीं जा सका। सन् 1946 में, कलकत्ता में साम्प्रदायिक दंगे आरम्भ हुये और फिर पूरे बंगाल और बिहार में फैल गये। राजेन्द्र प्रसाद ने जवाहरलाल नेहरू के साथ दंगाग्रस्त क्षेत्रों का दौरा करते हुए, लोगों से अपना मानसिक संतुलन एवं विवेक बनाये रखने की अपील की, ''मानवता की मांग है कि पागलपन, लूटमार व आगजनी और हत्याकांड को तुरन्त बन्द किया जाये...''

लम्बे वर्षों तक खून पसीना एक कर के और दुख उठाने के पश्चात् 15 अगस्त, सन् 1947 को आज़ादी मिली, यद्यपि राजेन्द्र प्रसाद के अखण्ड भारत का सपना विभाजन से खंडित हो गया था।

किन्तु स्वाधीनता एक महत्वपूर्ण कदम था। उन्होंने भावुकतापूर्ण ढंग से याद दिलाया, जिससे हम ''अपने सपनों के भारत का निर्माण कर सकें।''

हमारे प्रथम राष्ट्रपति

हमने अपनी स्वतन्त्रता प्राप्त कर ली थी परन्तु अभी हमें नये कानून बनाने थे जिससे नये राष्ट्र का शासन चलाया जा सके।

स्वाधीनता से पहले जुलाई सन् 1946 में हमारा संविधान बनाने के लिए एक संविधान सभा का संगठन किया गया था। राजेन्द्र प्रसाद को इसका अध्यक्ष नियुक्त किया गया था। यह उनकी निस्स्वार्थ राष्ट्र सेवा के प्रति श्रद्धांजली थी जिसके वह स्वयं मूर्तरूप थे।

भारतीय संविधान सभा का प्रथम अधिवेशन 9 दिसम्बर सन् 1946 को हुआ।

संविधान सभा के परिश्रम से 26 नवम्बर सन् 1949 को भारत की जनता ने अपने को संविधान दिया जिसका आदर्श था न्याय, स्वाधीनता, बराबरी और बन्धुत्व और सबसे ऊपर राष्ट्र की एकता जिसमें कुछ मूलभूत अधिकार निहित हैं, भविष्य में भारत के विकास की दिशा, पिछड़े वर्ग, महिलाओं की उन्नति

और विशेष क्षेत्रों के लिए विशेष प्रावधान हैं जिसमें व्यक्ति की प्रतिष्ठा और अन्तर्राष्ट्रीय शान्ति को बढ़ावा देना भी सम्मिलत है।

भारत 26 जनवरी सन् 1950 में गणतन्त्र बना और राजेन्द्र प्रसाद उसके प्रथम राष्ट्रपति।

राष्ट्रपति बनने पर भी उनका राष्ट्र के प्रति समर्पित जीवन चलता रहा। वृद्ध और नाजुक स्वास्थ्य के बावजूद उन्होंने भारत की जनता के साथ अपना निजी सम्पर्क कायम रखा। वह वर्ष में से 150 दिन रेलगाड़ी द्वारा यात्रा करते और आमतौर पर छोटे-छोटे स्टेशनों पर रुक कर सामान्य लोगों से मिलते।

ज्ञान के प्रति लगाव होने के कारण राजेन्द्र प्रसाद "धनी और दरिद्र दोनों के घरों में प्रकाश लाना चाहते थे।" शिक्षा ही ऐसी चाबी थी जो महिलाओं को स्वतन्त्रता दिला सकती थी। शिक्षा का अर्थ था व्यक्तित्व का पूर्ण विकास न कि कुछ पुस्तकों का रटना। वह मानते थे कि शिक्षा जनता की मातृभाषा में होनी चाहिए। यदि हमें आधुनिक विश्व के साथ अपनी गति बनाये रखनी है तो अंग्रेजी की उपेक्षा नहीं करनी चाहिये। उन्होंने स्वयं भी कई विशिष्ट पुस्तकें लिखीं जिनमें उनकी आत्मकथा (1946), चम्पारन में सत्याग्रह (1922), इण्डिया डिवाइडेड (1946), महात्मा गांधी एंड बिहार, सम रेमिनिसन्सेज (1949), बापू के कदमों में (1954) भी सम्मिलित हैं।

राष्ट्रपति के पद पर राजेन्द्र प्रसाद ने सद्भावना के लिये कई देशों की यात्रायें भी कीं। उन्होंने इस आणविक युग में शान्ति की आवश्यकता पर जोर दिया।

राजेन बाबू का यह विश्वास था कि अतीत और वर्तमान में एक महत्वपूर्ण कड़ी है। प्राचीन सभ्यता विरासत में मिलने के कारण वह अतीत को हमारी वर्तमान समस्याओं को सुलझाने के लिये प्रेरणा का स्रोत समझते थे। हमारी विरासत नैतिक और अध्यात्मिक मूल्यों से परिपूर्ण है और हमें भविष्य में आधुनिक समय की चुनौतियों का सामना करने में सहायता कर सकती हैं। प्राचीन और नूतन मूल्यों में सामंजस्य तो करना ही होगा।

बारह वर्षों के लिये राष्ट्रपति भवन उनका घर था। उसकी राजसी भव्यता और शान सुरुचिपूर्ण सादगी में बदल गई थी।

राष्ट्रपति का एक पुराना नौकर था, तुलसी। एक दिन सुबह कमरे की झाड़पोंछ करते हुए उससे राजेन्द्र प्रसाद जी के डेस्क से एक हाथी दांत का पेन नीचे जमीन पर गिर गया। पेन टूट गया और स्याही कालीन पर फैल गई। राजेन्द्र प्रसाद बहुत गुस्सा हुए। यह पेन किसी की भेंट थी और उन्हें बहुत पसन्द था।

तुलसी आगे भी कई बार लापरवाही कर चुका था। उन्होंने अपना गुस्सा दिखाने के लिये तुरन्त तुलसी को अपनी निजी सेवा से हटा दिया।

उस दिन वह बहुत व्यस्त रहे। कई प्रतिष्ठित व्यक्ति और विदेशी पदाधिकारी उनसे मिलने आये। मगर सारा दिन काम करते हुए उनके दिल में एक कांटा-सा चुभता रहा था। उन्हें लगता रहा कि उन्होंने तुलसी के साथ अन्याय किया है।

जैसे ही मिलने वालों से उन्हें अवकाश मिला राजेन्द्र प्रसाद ने तुलसी को अपने कमरे में बुलाया। पुराना सेवक अपनी गलती पर डरता हुआ कमरे के भीतर आया। उसने देखा कि राष्ट्रपति सिर झुकाये और हाथ जोड़े उसके सामने खड़े हैं।

उन्होंने धीमे स्वर में कहा, "तुलसी मुझे क्षमा कर दो।"

तुलसी इतना चकित हुआ कि उससे कुछ बोला नहीं गया। राष्ट्रपति ने फिर नम्र स्वर में दोहराया, "तुलसी, तुम क्षमा नहीं करोगे क्या?" इस बार सेवक और स्वामी दोनों की आंखों में आंसू आ गये।

सन् 1962 में अवकाश प्राप्त करने पर राष्ट्र ने उन्हें 'भारत रत्न' की सर्वश्रेष्ठ उपाधि से सम्मानित किया। यह उस पुत्र के लिये कृतज्ञता का प्रतीक था जिसने अपनी आत्मा की आवाज सुन कर आधी शताब्दी तक अपनी मातृभूमि की सेवा की थी।

अपने जीवन के आखिरी महीने बिताने के लिये उन्होंने पटना के निकट सदाकत आश्रम चुना। यहां पर 28 फरवरी 1963 में उनके जीवन की कहानी समाप्त हुई। यह कहानी थी श्रेष्ठ भारतीय मूल्यों और परम्परा की, चट्टान सदृश्य आदर्शों की। हमको इन पर गर्व है और ये सदा राष्ट्र को प्रेरणा देते रहेंगे।

चिरस्मरणीय
महान व्यक्तित्व
भाग-1

बंकिमचन्द्र
सुखमय भट्टाचार्जी

एनी बीसेंट
जे. राधाकृष्णन

भिकाइजी कामा
दीपा अग्रवाल

सरोजिनी नायडू
सरला जगमोहन

अबुल कलाम आज़ाद
गुलाम एस. हैदर

सी.वी. रामन
दिलीप म. सालवी

कमला नेहरू
जूही सिन्हा

लाल बहादुर शास्त्री
गिरजा रानी अस्थाना